AtV

Mata Hari – Symbol des erotischen Orients. Für einen kurzen Moment ist die Niederländerin mit dem bürgerlichen Namen Margaretha Zelle die berühmteste Frau Europas. Ihr Stern geht am Himmel des mondänen Paris auf, als sie sich 1904 erstmals dem indischen Gott Schiwa in faszinierenden Tänzen darbietet. Er erlischt mit der Belle Epoque. Am Vorabend des Ersten Weltkriegs gerät sie in das Netz sowohl des französischen wie des deutschen Geheimdienstes: Leichtsinnig und arglos zugleich spioniert sie auf eigene Faust, was ihr zum Verhängnis wird. Mata Hari – die einstige Tänzerin – wird am 15. 10. 1917 auf Geheiß eines französischen Gerichts wegen Spionage erschossen.

Anhand von Zeitzeugen und historischen Materialien zeichnet der französische Historiker das verworrene Schicksal einer umstrittenen, rätselhaften und verführerischen Frau nach. Doch weniger in der Vermittlung bisher unbekannter Fakten als in der überraschenden Neudeutung einer französisch-deutschen Legende besteht das Interesse dieses Buches.

FRED KUPFERMAN arbeitete auf dem Gebiet der Internationalen Beziehungen. Als Privatdozent lehrte er am Institut d'Études politiques in Paris und an der Universität Paris I. Zu seinen Veröffentlichungen zählen vor allem Sachbuchtitel.

Fred Kupferman

Mata Hari

Träume und Lügen

Aus dem Französischen
von Adelheid Witt

Aufbau Taschenbuch Verlag

Titel der Originalausgabe

Mata Hari
Songes et Mensonges

ISBN 3-7466-1575-5

2. Auflage 1999

Umschlaggestaltung Preuße & Hülpüsch Grafik Design
unter Verwendung eines Fotos von Hulten Deutsch Collection, London
Satz LVD GmbH Berlin
Druck Elsnerdruck GmbH, Berlin
Printed in Germany

Inhalt

EINFÜHRUNG

Mata Hari, die Tänzerin und Spionin, hat im Musée Grévin, dem Wachsfigurenkabinett der kollektiven Souvenirs, Aufnahme gefunden. Da hatte sie Glück. Wer denkt heute noch an Fayolle, an French, an Ribot oder an Orlando, die wichtige Figuren im Ersten Weltkrieg waren und dennoch in Vergessenheit gerieten, weil sie nichts Pittoreskes hatten? Mata Hari hat die Kunst des Tanzes nicht revolutioniert, und sie ist, auch wenn das den Leser enttäuschen mag, in der Schlacht der Geheimdienste gar nicht beachtet worden. Warum spricht man dann von ihr? Weil sie in der Phantasiewelt unseres Jahrhunderts strahlt. Mata Hari ist ein Mythos, von Presse, Trivialliteratur und Film immer wieder neu ausgeschlachtet, und natürlich interessiert man sich nicht für die unscheinbare Margaretha Zelle, sondern für ihr glänzendes Double.

Ihr tragischer Tod im Oktober 1917 hat in hohem Maße zu ihrer bleibenden Berühmtheit beigetragen. Daher werden zu ihrer Person auch immer wieder die gleichen Fragen gestellt: Hat die Militärjustiz eine Unschuldige zum Tode verurteilt? Oder war sie wirklich eine große Spionin? Sie war nicht unschuldig, und sie hat kein einziges Geheimnis von Bedeutung an Deutschland verraten. Das Anliegen dieses Buches besteht nicht darin, neue Antworten auf die unterdessen wohl geklärte Frage nach den Fähigkeiten der Agentin H 21 zu bringen. Die Fülle an Literatur zu Mata Hari hat meine Untersuchungen vielmehr in eine ganz andere Richtung gelenkt. Die echte Mata Hari ist zweifellos das Produkt der erfinderischen Margaretha Zelle; zu ihren Lebzeiten wurde sie von dem begrenzten, aber einflußreichen Milieu der internationalen Snobs gefördert; nach ihrem Tod wird ihr legendäres Leben durch die eigennützige Mithilfe diverser Schreiberlinge verlängert und ausgeschmückt. Diese Lügnerin, die ihre Lebensgeschichte endlos zu variieren verstand, wäre sicher entzückt gewesen von der Fabel der Banda, der »Tochter von Mata Hari«, Spionin wie ihre Mutter und ebenso wie diese durch die Kugeln eines Hinrichtungskommandos getötet ... Folgt man der Wirkungslinie des Mythos, so kann man sonderbare Entdeckungen hinsichtlich der Mentalität machen. Der Erfolg, den Mata Hari mit ihren Geschichten und ihren pseudo-orientalischen Tänzen hatte, zeigt, daß das Milieu, indem sie bekannt war, in den Salons der nationalistischen Rechten, ihren Kitsch-Orient weitaus höher schätzte als den wirklichen Fernen Osten. Es ist kein Zufall, daß dieser Star mondäner Erotik vom breiten Publikum niemals als Star akzeptiert wurde. Mata Hari, die geheimnisvolle Tänzerin, konnte nur einen Kreis geblendeter Voyeure betören. Ihre Geschichte als Tänzerin verschmilzt mit der Geschichte der Belle Epoque und endet auch mit ihr, als der große Wirbelsturm des russischen Balletts, des Kubismus und der atonalen Musik die Arabesken des Stils von 1900 hinwegfegt.

Folgt man Mata Haris Spuren während des Ersten Weltkrieges, dann entdeckt man sie als eine Verirrte in einer veränderten Welt, wo die Frauen arbeiten, um die Männer zu ersetzen, und wo die Lüge kein Spiel mehr ist. Mit ihrer ungebremsten Fabulierlust erzählte Mata Hari den Deutschen, sie könne zu Joffre Verbindung aufnehmen, und den Franzosen erzählte sie, sie sei die Geliebte des Kronprinzen. Ihre beklagenswerte Unbesonnenheit als Doppelagentin fällt zeitlich zusammen mit den großen Ängsten im Ersten Weltkrieg. Frankreich zitterte vor dem Bild der germanischen Spinne mit ihren verkappten Spionen und subversiven Agenten, die Frieden und Umsturz predigten. Um sich selbst zu beruhigen, brauchte man das Spektakel der Verhaftung und der Bestrafung der Verräter und Spione. Mata Haris Exekution wirft ein bezeichnendes Licht auf eine Epoche, in der man Frauen ohne Gewissensskrupel erschießt. Ihren Namen nennt man auch in Verbindung mit Bolo Pacha, halb Betrüger und halb Verräter wie sie, der ebenfalls auf dem Schießplatz von Vincennes exekutiert wird.

Zwischen den beiden Weltkriegen erschien fast jedes Jahr

ein neues Buch, das sich mit Mata Hari befaßte. Gleichzeitig, und das ist kein Zufall, begeistert sich das Publikum für alles, was mit Spionage und Gegenspionage zu tun hat: romanhafte Erlebnisberichte, Zeugenaussagen, Berichte von Spezialisten, Fortsetzungsromane, Theaterstücke, Filme, die verschiedensten Genres profitieren von dieser eigenartigen Vorliebe, in der sich Furcht und Neugier schwer auseinanderhalten lassen. Denn Deutschland flößt auch weiterhin Angst ein, Deutschland – nicht der Nazismus. In der Trivialliteratur werden weiterhin Geschichten produziert, in denen smarte Offiziere des französischen Geheimdienstes auf kahlgeschorene Junker treffen, die geradewegs einem volkstümelnden Bühnenbild zum Ersten Weltkrieg entstiegen scheinen. In den Spionagemythen spielen auch Frauen eine Rolle, Mata Hari als Dalila, und hinter ihr das schreckliche Fräulein Doktor ...

Mata Hari war also immer ein Symbol. Zuerst verkörperte sie Indien und seine Mysterien, dann die Schändlichkeit der deutschen Kriegsführung, und schließlich hinterließ sie der Nachwelt das ewig verwirrende Bild der spionierenden Tänzerin, die sich im Netz ihrer Lügen verfing.

DIE ERFINDUNG EINER FIGUR

Hinter Mata Hari verbirgt sich Margaretha Zelle

»Mata Hari (eigentlich Margaretha Zelle), holländische Tänzerin und Abenteurerin (Leeuwarden 1876 – Vincennes 1917). Während des Ersten Weltkrieges führte sie in Europa indische und javanische Tempeltänze vor. Sie wurde der Spionagetätigkeit für Deutschland überführt und erschossen.« Mit diesen wenigen Zeilen im Dictionnaire Larousse wird Mata Hari ihres Mysteriums beraubt. Sie ist nur noch eine Frau, Margaretha Zelle, eine standrechtlich erschossene Spionin. Und doch übt dieses aussichtslose Abenteuerleben, das man mühelos auch mittelmäßig nennen kann, immer wieder die gleiche Faszination auf die Gemüter aus. Billigen wir Margaretha Zelle also zu, was ihr rechtmäßig zusteht: Sie hatte die geniale Idee, eine Mata Hari zu erfinden. Noch heute weckt dieser Name eine Fülle von Assoziationen. Als Tänzerin, Spionin und Kurtisane ist Mata Hari die Femme fatale der populären Romane, das betörende Weib, das den Männern Herz, Geld und die Geheimnisse raubt.

Diese Figur hat alle Biographen genarrt, die sich auf die Suche nach der wahren Mata Hari gemacht haben. Gibt es überhaupt eine wahre Mata Hari? Alles an ihr ist künstlich. Margaretha Zelle lebte und starb, hinter ihrem Double verborgen: eine Holländerin, die man für eine Inderin hält, eine Tempeltänzerin, die nicht tanzen kann und die wedischen Riten nicht kennt, eine unbeholfene Spionin, die absurderweise als Deutschlands bester Agent im Kriege gilt. Mata Hari hat ihr ganzes Leben lang gelogen, aber auch eine Mythomanin kann keinen Mythos durchsetzen. Die Männer, die von ihr träumten, haben ihren Aufstieg und ihr Verderben bewirkt. Nun bleibt sie für immer Mata Hari, die Unheilvolle.

Wer war Margaretha Zelle?

Margaretha Gertrude Zelle wurde am 7. August 1876 in Leeuwarden in der Provinz Friesland, in einer von Kanälen umgebenen und durchzogenen Stadt im Norden der Niederlande geboren. Leeuwarden ist zu jener Zeit eine Stadt mit 27 000 Einwohnern, tüchtigen und ruhigen Bürgern, die wenig Verständnis aufbringen für den größenwahnsinnigen Adam Zelle, der sich aufführt wie ein Baron und in Wirklichkeit Hutmacher ist. Ein Haus, in dem das Geld schneller ausgegeben als verdient wird. Zur allgemeinen Entrüstung in der sparsamen Gegend schenkt der Vater seiner Lieblingstocher Margaretha zum sechsten Geburtstag einen viersitzigen Wagen, der von Ziegen gezogen wird. Noch fünfzig Jahre später erzählt man sich in Leeuwarden von dem »bokkewagen«, in dem ein kleines Mädchen mit bernsteinfarbenem Teint, schwarzem Haar und mandelförmigen Augen wie eine orientalische Prinzessin thronte und mit ihrer Arroganz ihre naiven blonden Schulkameradinnen beeindruckte. Als Stern der Familie, der seine Geschwister in den Schatten stellt, besitzt die künftige Mata Hari wie ihr Vater eine natürliche Gabe, Unglaubliches glaubhaft zu machen und völlig unbekümmert Geld zu verschwenden. Aber woher hat sie ihr sonderbares Aussehen? Man möchte schwören, sie sei in einem anderen Klima geboren, in Britisch- oder Niederländisch-Indien, aber beide Linien ihrer Familie sind solider friesischer Abstammung. Von ihrem bräunlichen Teint, ihren vollen Lippen, der flachen Nase und den großen dunklen, feuchtschimmernden Augen beeindruckt, haben ihre Zeitgenossen später ohne weiteres die Geschichten geglaubt, die die Tänzerin über ihre Herkunft erzählte. Nach Ansicht eines Experten ist dieser malaiische oder indische Typus das Erbgut eines friesischen Stammes, der Woudkers, zu dem die Vorfahren ihrer Mutter gehörten.[2]

Aus Prahlsucht bringt Adam Zelle seine Tochter im feinsten Mädchenpensionat der Gegend unter. Ihre Kameradinnen tragen Internatskleidung, sie jedoch erscheint im roten Samtkleid und kümmert sich nicht um die Meinung der anderen. Sie ist frühreif, ihrer Weiblichkeit sehr sicher und findet Gefallen daran zu schockieren. Im Internat führt sie sich auf wie eine Königin, sie hat Feindinnen und einen kleinen Hofstaat, der ihren Geschichten verzückt lauscht. Ihre Freundinnen glauben felsenfest, Margaretha sei eine Baronesse, und bewundern den prachtliebenden Hutmacher, wenn er ihrem Idol in großer Equipage einen Besuch abstattet. Diese Lügenwelt bricht 1889 zusammen. Adam Zelle hat sich ruiniert. Er erträgt sein Scheitern nicht, er verläßt seine Frau und verteilt seine Kinder auf die verschiedenen Mitglieder seiner Sippe. Zwei Jahre später stirbt die Mutter. Während Adam Zelle, wieder verheiratet, mehr oder weniger im Elend dahinvegetiert und die Hoffnung auf die Rückkehr glücklicherer Zeiten nicht aufgibt, wird Margaretha bei ihrer Tante in Leyden untergebracht. Ihr Vater gilt als labil und verantwortungslos und hat sein Erziehungsrecht verwirkt. In der Obhut nachsichtiger Verwandter tut das junge Mädchen nur, was es will. Man hat für das Mädchen, das durch den Schicksalsschlag ohne Mitgift ist, an eine Laufbahn als Lehrerin gedacht, doch sie flieht aus dem Lehrerseminar und erzählt, der Direktor habe sie vergewaltigen wollen. Danach findet sie bei einem anderen Onkel, einem Großkaufmann in Den Haag, Aufnahme und verbringt ihre Tage mit der Lektüre von Romanen. In jener Zeit, in der die Frauen eher klein sind, fällt sie durch ihre Körpergröße auf, sie ist anmutig und offenbar fest entschlossen, niemals zu arbeiten. Von nun an wird ihr Leben vom Abenteuer bestimmt.

Wie eine Spielernatur entscheidet sie über ihr weiteres Schicksal. In der Lokalzeitung »Het Nieuws van den Dag« stößt das untätige junge Mädchen auf eine Heiratsannonce: »Hauptmann aus Indien, auf Urlaub in Holland, sucht passende Frau, auch ohne Vermögen«. Man schreibt März 1895. Der Zufall führt Regie bei dieser Begegnung zwischen einem vierzigjährigen Offizier und einem in sich selbst vernarrten jungen Mädchen. Margaretha Zelle hat John Rudolf Mac Leod ihr Bild geschickt. Er wird das erste Opfer dieser

Männerfresserin. Er ist ein echter Adliger, ein Holländer schottischer Abstammung, dessen ganzes Leben sich nur im Rahmen der Armee abgespielt hat. Nach siebzehn Jahren Aufenthalt in den Tropen nutzt Hauptmann Mac Leod einen Genesungsurlaub, um sein Heimatland zu besuchen. Mit seinen neununddreißig Jahren ist er ein schöner Mann, groß, kräftig, mit blaugrauen Augen und seidigem Schnurrbart. Den Rest besorgt der Reiz der Uniform. Sechs Tage nach ihrer ersten Begegnung, am 24 März 1895, ist Margaretha bereits seine Geliebte. Er hatte gar nicht ernsthaft an eine Heirat gedacht, sondern die Annonce mehr zum Spaß aufgegeben, doch seine entflammten Sinne lassen ihn glauben, er könne mit diesem feurigen jungen Mädchen glücklich werden. Am 13. Juli 1895 wird aus Margaretha Zelle Frau Margaretha Mac Leod. Es ist nur eine standesamtliche Trauung: sie ist nicht getauft. Adam Zelle, von dessen Existenz sie ihrem Bräutigam nichts erzählt hatte, nimmt an der Zeremonie teil, denn seine noch nicht mündige Tochter braucht seine Einwilligung. Zum Hochzeitsmahl wird er nicht geladen. Bereits in Wiesbaden, dem Modebad, das sie für ihre Flitterwochen ausgesucht haben, entdecken die Frischvermählten, daß sie nicht zusammenpassen. Der stattliche Mann ist zuckerkrank, leidet an Rheuma und ist recht launisch; seine Gemahlin wirft das Geld zum Fenster hinaus und wird umworben, als sei sie nicht verheiratet. Der Riß wird größer und größer.

Johns Urlaub ist noch nicht abgelaufen. In Den Haag bringt Margaretha am 30. Januar 1897 einen Sohn zur Welt, der auf den Namen Norman getauft wird. Das Ehepaar bereitet seine Abreise vor. Am 1. Mai geht die Familie Mac Leod an Bord der »Prinses Amalia«. Ihr Ziel ist Java. Auf die künftige Mata Hari wartet der Orient, der Orient der Offiziersgattinnen, die ihren Rang wahren müssen und sich vornehm langweilen in der Treibhausatmosphäre einer Kolonialgarnison. Ambarawa, Tempoeng, Medan, die Stationierungsorte wechseln und bringen Beförderung und Auszeichnungen für Mac Leod, doch in seiner Freude, in den Tropen die Bedeutung zurückzugewinnen, die er in Europa verloren hatte, bemerkt dieser Berufsoffizier nicht, daß sich seine junge Frau von ihm löst. Auch die Mutterschaft bringt sie einander nicht näher. Am 2. Mai 1898 wird Margaretha in Tampoeng von einem Mädchen, Jeanne Louise, entbunden, aber nur der Vater ist in seine Kinder vernarrt. Seine Frau fühlt sich durch sie an diese Ehe gekettet, die sie bereits bereut. Die beiden Kleinen werden von einer malaiischen »Baboe« aufgezogen, und die Klatschbasen wetzen ihre bösen Zungen an der untreuen, leichtsinnigen Ehefrau, die sich zur großen Empörung der anderen Offiziersgattinnen nach der Mode der Eingeborenen kleidet. In einem Brief von 1898 an eine Internatsfreundin schreibt Margaretha Mac Leod, daß sie sich Mata Hari nennen läßt. Diese zwei malaiischen Wörter bedeuten so viel wie Auge der Morgenröte. So heißt dortzulande die Sonne.

Am 27. Juni 1899 ereignet sich eine Tragödie und entzweit das ungleiche Paar endgültig. Die beiden Kinder sind vergiftet worden. Rache des Hauspersonals oder ein Unfall? Man wird es nie erfahren. Jeanne Louise kommt mit dem Leben davon, Norman stirbt, im Alter von drei Jahren und fünf Monaten, unter entsetzlichen Brechkrämpfen. Der Major Mac Leod beginnt seine Frau zu hassen, denn er schreibt ihr die Verantwortung an diesem Unglück zu, und er hat nur noch einen Wunsch: sie aus seinem Leben zu streichen. Er wirft seine ganze Liebe auf Jeanne Louise, die er bei sich zu behalten gedenkt, wenn sie sich scheiden lassen. Von Scheidung ist schon die Rede. Die Eheleute ertragen einander nicht mehr. In Banjoe Biroe, im Herzen Javas, ist die Hitze fast unzumutbar. Madame Mac Leod erkrankt an Typhus. Fiebergeschüttelt, unglücklich verheiratet, fragt sie sich, was sie dort überhaupt zu suchen hat, während im Paris die Weltausstellung 1900 ihre Pforten öffnet.

Der Name Paris übt einen verhängnisvollen Zauber auf diese Madame Bovary der Kolonien aus. Die Hauptstadt hat sich für ihre Besucher in eine orientalische Stadt verwandelt, mit Tempeln, Pagoden und Minaretten. Paris-Babylon verkörpert die neue Zeit, mit der ersten Metrolinie,

Vincennes – Maillot, mit Rolltreppen, elektrischer Beleuchtung und den ersten Versuchen der Luftfahrzeuge, die schwerer als Luft sind. Doch in Paris manifestiert sich auch ein architektonischer Rausch, der einen Phantasie-Orient herbeizaubert. Auf dieser Ausstellung können die Pariser auf wenigen Quadratkilometern eine Weltreise machen und sich an Exotik ergötzen, ohne sich den Gefahren des Reisens auszusetzen. In Margaretha Mac Leods Korrespondenz kristallisiert sich eine Idee heraus: sie träumt von einer Karriere als orientalische Tänzerin in Paris. Immerhin kann sie ein paar Worte Malaiisch, sie hat die javanischen Tänzerinnen beobachtet, die Stellungen der Hände, die Bewegungen des Kopfes, das Schlängeln des Körpers, und wenn sie diese Gestensprache auch nicht so genau kennt, wer kennt sie schon in Europa?

Zunächst einmal muß sie aber wieder zurückkehren. Am 2. Oktober 1900 hat der Major seinen Abschied von der Armee genommen. Nach achtundzwanzig Dienstjahren hat er Anspruch auf eine Pension, die recht ansehnlich ausfällt, wenn er in Bandoeng, seiner letzten Station, bleibt. In den Niederlanden wäre sie sehr viel niedriger. Er möchte bleiben, sie will fort. Sie macht eine Szene nach der anderen und setzt schließlich ihren Willen durch. Im März 1902 kehrt das Ehepaar nach Europa zurück und stellt bald fest, daß die eheliche Zwietracht nichts mit dem tropischen Klima zu tun hatte. Mac Leod verläßt seine Frau. Auf Grund seiner Abreise fällt das Amsterdamer Gericht im August 1902 das Scheidungsurteil zugunsten seiner Frau. Man spricht ihr das Sorgerecht für ihre Tochter zu, und John muß ihr monatlich hundert Gulden Unterhalt zahlen. John jedoch ist mit seiner Tochter abgereist und fest entschlossen, dafür zu sorgen, daß Jeanne Louise ihre Mutter niemals wiedersieht. Und so geschieht es dann auch. Außerdem streicht er seiner unwürdigen Ehefrau die finanzielle Unterstützung mit der Begründung, sie verkehre in Stundenhotels. Der festgelegte Unterhalt wird nicht gezahlt, und Mac Leod läßt durch die Presse mitteilen, er komme nicht mehr für die Schulden seiner Frau auf.

Margaretha Zelle ist sechsundzwanzig Jahre alt. Es ist noch nicht zu spät, um das wahre Leben kennenzulernen. Ohne daß er es wollte, hat ihr Mann sie befreit. Sie kann nun über sich selbst verfügen, und mit der Selbstsicherheit, die sie nie verläßt, glaubt sie sich für ein außergewöhnliches Schicksal auserkoren. Es gibt diverse Vorbilder, denen diese ehrgeizige Frau nacheifern könnte. Soll sie Schauspielerin werden wie die Duse oder die große Sarah, Tänzerin wie Isadora Duncan oder die Loïe Fuller, Kurtisane und Verschwenderin wie die Königinnen von Paris, Cléo de Mérode, Liane de Pougy oder die Belle Otero? Es wird sich finden. Ohne Geld und ohne Bleibe landet sie in Paris und muß bald feststellen, daß sich die Pforten zum Ruhm nicht mühelos öffnen lassen. Im Frühjahr 1903 irrt sie durch die Hauptstadt, von Atelier zu Atelier, doch die Maler haben kein Interesse an ihr und finden, sie sei nicht besonders wohlgebaut. Sie erzählt Guillemet eine rührende Geschichte: »Ich bin Witwe eines englischen Obersten der Indien-Armee und muß zwei Kinder großziehen. Ich bin gezwungen, Modell zu stehen, um meinen Lebensunterhalt zu verdienen.« Er bleibt eiskalt. »Ziehen Sie sich aus. Sie könnten Modell sitzen für Kopfstudien, aber das wird sehr schlecht bezahlt.« Als erster Pariser sieht der impressionistische Maler Lady Mac Leod ganz nackt und äußert sich nicht sehr galant: »Schöne Schultern, schöne Arme, wunderschöne Beine, aber was für eine teigige Brust!« Diese Holländerin, die sich als Engländerin ausgibt, ist keine außergewöhnliche Schönheit. Und Paris mit seinem Ruhm als Metropole der Künste und der Vergnügungen ist voll von hübschen Mädchen aus aller Welt. Die junge Frau reist enttäuscht wieder ab, doch sie gibt sich nicht geschlagen. Als sie 1904 wiederkommt, hat sie einen ausgereiften Schlachtplan. Margaretha Mac Leod, Puppe des künftigen Schmetterlings Mata Hari, weiß bereits, was sie wert ist und was sie will.

1904: Freundliche Aufnahme in den snobistischen Kreisen von Paris

Bei ihrer Rückkehr in die Lichterstadt steigt Margaretha im Grand Hôtel ab. Als würdige Tochter eines Adam Zelle glaubt sie an die Macht der Illusion. Schließlich kann eine Lady Mac Leod nicht irgendwo absteigen. Mit einer respektablen Adresse versehen, gut gekleidet und mit aristokratischem Auftreten, das den Skeptikern Achtung abnötigt, erzählt sie ihre Geschichte immer besser und beginnt sie auszuschmücken und abzuändern, ohne sich um eventuelle Widersprüche zu kümmern. Für ihren Erfolg baut Mata Hari auf die Snobs. Sie hat sofort die Leichtgläubigkeit und gedankenlose Begeisterungsfähigkeit dieses engen Milieus erkannt, das man seltsamerweise »Ganz-Paris« nennt. Zunächst hatte sie behauptet, sie sei die Witwe eines englischen Offiziers, da sie jedoch befürchten muß, Leuten zu begegnen, die wissen, daß ihr Mann lebt, setzt sie eine andere Version in Umlauf: Sie habe fliehen müssen, weil sie mit einem Wahnsinnigen verheiratet sei, und in den Salons tuschelt man, dieses Ungeheuer habe ihr in einem Eifersuchtsanfall eine Brustwarze abgebissen ... In ihren Erzählungen tauchen ihre Kinder auf und verschwinden wieder, wie es ihr gerade paßt. Aber es genügt ihr nicht, daß man sie bedauert, sie muß verführen, sie muß diese ewig Blasierten verblüffen. Also baut Lady Mac Leod ein indisches Element in ihre Legende ein. Sie hat ihre Kindheit in den Tempeln des Gottes Schiwa verbracht, und ihre Mutter war Priesterin. Ein Schlüsselwort, »Initiation«, öffnet ihr das Tor zum Erfolg. Lady Mac Leod ist eine echte Aristokratin, die man zu Tisch bitten kann, und gleichzeitig eine erfahrene Tänzerin, die bereits in ihrer Kindheit in die Kunst der Tempeltänze eingeweiht worden ist. Nach dem Ritual dieser heiligen Tänze entkleidet sie sich allmählich, wirft einen Schleier nach dem anderen ab und bringt sich schließlich nackt der Gottheit und dem Kreis auserwählter Zuschauer dar. Ein künstlerisches Schauspiel, eine Eingeweihte, die sich nur für Eingeweihte entschleiert. Braucht es mehr, um Snobs zu begeistern? Diesmal hat sie ihr Publikum gefunden. Wie eine teure und seltene Treibhausblume gewährt sie die Gunst ihres Auftritts nur auf inständiges Bitten und gegen hohes Honorar vor begrenztem Publikum. Auf diese Weise, als Geheimtip, verbreitet sich die Geschichte der unbekannten geheimnisvollen Tänzerin aus fernen Landen.

Die Wochenzeitung »Le Courrier français«, ein kleines Blatt, das Klatsch aus der feinen Gesellschaft und der Halbwelt publiziert, erwähnt am 9. Februar 1905 diese Dame, die bisher nur in Salons auf ausdrücklichen Wunsch der Gäste getanzt hat. »Lady Mac Leod, deren Namen man bald in ganz Paris kennen wird, hat aus Indien, wo sie mit einem hohen Offizier verheiratet war, auf recht eigenwilligen Legenden basierende Tempeltänze mitgebracht. Beim ›Dîner de faveur‹ bei Julien unter dem Vorsitz von Marthe Régnier aus dem Vaudeville sowie von Monsieur Tauride, dem Direktor des Odéon, verlas unser Kollege Georges Visinet mit seiner kraftvollen Stimme die Anrufung des Gottes Schiwa:

›Die Prinzessin Djelarvar ist von ihrem Liebsten verlassen worden und will sich rächen. Sie opfert Schiwa, dem Gott des Hasses und des Todes, Lotosblüten und ihren ersten Schleier, das Symbol der Schönheit. Er erhört ihr Gebet nicht. Sie bringt ihm einen zweiten Schleier dar, das Symbol der Jugend, vergebens, dann einen dritten Schleier, als Symbol der Liebe. Wieder keine Wirkung. Auch der Schleier von ihrer Brust, Symbol der Keuschheit und der Wollust, fällt umsonst. Da opfert die verzweifelte ihren letzten Schleier, der ihre Leidenschaft, also sie selbst symbolisiert!‹ Mit bemerkenswerter Geschmeidigkeit bietet Lady Mac Leod diese wirklich sehenswerten Tänze dar, die in Klubs und Salons begeistert aufgenommen werden. Die getanzte Legende von der Prinzessin und der bezaubernden Blume fand großen Beifall.«[3]

Das »Dîner de faveur« ist eine sehr pariserische Einrichtung, die der Gründer des »Courrier français«, Jules Roques, erfunden hat. Der Auftritt der geheimnisvollen Lady beim fünfundvierzigsten »Dîner de faveur« ist ein Zeichen dafür, daß sie mächtige Gönner hat. Diese Legendenerzählerin mit schlangenhafter Anmut, die sich abwechselnd aristokratisch und lasziv gibt, fasziniert die Salons. Ihre Einführung in diese Kreise ist das Werk der Baronin Kirejewsky, einer Fanatikerin der französisch-russischen Allianz. Das Milieu, in dem Mata Haris Ruhm gedeiht, ist voller Haß auf England, wünscht den Sieg der Buren, verabscheut die Freimaurer-Republik, die in den Kartei-Skandal verwickelt ist, und es begeistert sich für alle Neuheiten. Fast sämtliche Inhaber eines Telefonanschlusses und fast alle Autobesitzer gehören diesem Milieu an. Für ihren echten Durchbruch braucht Margaretha Mac Leod nur noch einen Namen. Und den hat sie bereits gefunden. Noch ein paar Wochen, und Lady Gresha Mac Leod, eine kurzzeitige Erfindung, verschwindet wieder. Margaretha Zelle, verehelichte Mac Leod, wird zum Impresario einer Traumkreatur: Mata Hari.

Der Stern

1905 – das rote Jahr

»Das Jahr wird rot.« Diese Prophezeiung stammt aus dem Munde von Madame de Thèbes, der berühmten Wahrsagerin, die regelmäßig am 1. Januar von Journalisten konsultiert wird. Madame de Thèbes hat die Wahrheit gesprochen. Das Jahr 1905 ist beunruhigend, vor allem für die Schicht der Müßiggänger, die spürt, wie ein Sturmwind über ihre Grundsätze, ihre Ideen und ihre Interessen hinwegfegt. Es ist das Jahr, in dem, nach hundertjährigem Konkordat, endlich die Trennung zwischen Kirche und Staat beschlossen wird. Die antiklerikale Republik läßt die Kirche frei, der das nur gut bekommen kann, doch zunächst ist es ein Schock, von dem sich die katholische Welt erst allmählich wieder erholt. Die Wunden, die die Dreyfus-Affäre geschlagen hat, sind noch offen, und die nationalistischen Rechten, die großen Verlierer in dieser Affäre, sind untröstlich darüber, daß sie den Sieg des Blocks der Linken begünstigt haben, indem sie die Republikaner zur Einheit trieben. In Ermangelung von Besserem ergötzt sich die mondäne Presse, vom »Figaro« bis zum »Gaulois«, am sogenannten Kartei-Skandal: Der Kriegsminister André ist von Bidegain, einem Beamten aus der Freimaurerloge Groß-Orient, denunziert und beschuldigt worden, die Freimaurerdienste benutzt zu haben, um die klerikalen Offiziere in einer Kartei zu erfassen. Der Skandal geht vorüber, und die Republik bleibt, fest in linken Positionen verankert.

Die Nachrichten aus dem Ausland sind eine weitere Quelle des Schreckens für die Salons. In den Salons ist man für die russische Allianz, denn in dieser Zeit lebt die russische Aristokratie in Paris und in Nizza, als sei sie da zu Hause. Als Vernunftehe zwischen dem reaktionärsten Regime Europas und einem immer stärker republikanisch ausgerichteten Frankreich hatte sich dieses Militärbündnis zu einer Herzensangelegenheit entwickelt. Dank den anfeuernden Aufrufen der Presse, ohne die es keine Anleihen gegeben hätte, hatten sich die Franzosen für Rußland begeistern lassen. Nun aber bricht eine Sicherheit zusammen: Der Riese Rußland ist in einen Krieg mit Japan verwickelt und erleidet eine Niederlage nach der anderen. Die russische Flotte wird vernichtet, Port Arthur kapituliert, die russische Armee wird in Mukden zerschlagen, und die Revolution bricht aus und erfaßt die Schwarzmeerflotte. 1905 revoltiert die Besatzung des Panzerkreuzers Potemkin, und ein gewisser Trotzki ruft den Sowjet von Sankt Petersburg ins Leben. Deutschland hielt den Zeitpunkt für günstig, um die französischen Interessen in Marokko auszuschalten, doch das war ein Irrtum. Die internationale Konferenz in Algesiras endet mit einem diplomatischen Sieg Frankreichs. Die radikale Republik manövriert sehr geschickt, und ihr letzter Erfolg, die Entente cordiale, die der winzige Delcassé nach sechs Jahren zäher Bemühungen erreicht, stellt eine seit langem geltende Maxime in Frage: Das »perfide Albion«, jenes hagere Gespenst mit den großen Zähnen, dessen einzige Freude darin bestand, uns zu schaden, wird unser Verbündeter. Die Salons verhalten sich ablehnend. Auch wenn England eine Monarchie ist, hat man es aus Tradition zu verabscheuen, selbst wenn man die Wäsche in London bleichen läßt. Die Engländer haben Napoleon vergiftet, sie haben uns Ägypten und den Sudan weggenommen, ihre Touristen sind verkappte Spione, sie sind geizig, Ihre Frauen sind häßlich, sie sind zu wenig antisemitisch, wahrscheinlich, weil sie selber Juden sind – »Kratze an einem Engländer, dann entdeckst du den Juden«, verkündet eine vielgelesene Broschüre –, und schließlich weigern sie sich, französisch zu sprechen, wo doch jeder weiß, daß Französisch die Universalsprache aller Menschen von vornehmer Abstammung ist. Diese kleine Aufzählung von Vorwürfen und Vorurteilen vermittelt einen Eindruck von der Mentalität eines Milieus, das im Verschwinden ist.

Zu jener Zeit sind die reichen Leute leichtsinniger als

heute, denn für ein paar Jahre noch haben sie das Recht zu leben, ohne zu arbeiten. Sie bilden die »Klasse des Müßiggangs«, die der amerikanische Sozialist Veblen beschrieben und gebrandmarkt hat. Übrigens sind sie immer beschäftigt. Die Aristokratie entfaltet Aktivitäten, die dem Rest der Franzosen unbekannt sind; sie reist, sie treibt Wintersport, sie fährt ans Meer, sie besucht Thermalbäder, sie spielt Rugby, sie stürzt sich blindlings in Autorennen, und sie begeistert sich für die ersten Versuche mit Flugapparaten. In der elitären Welt der reichen Pariser Viertel kommt man nicht auf die Idee, daß die Sterberate durch Tuberkulose und die Kindersterblichkeit in Belleville sechsmal so hoch sind wie in Passy. Der Fortschritt ist ein Klassenprivileg. Die elegante Welt lebt sorglos und glücklich dahin und pfeift auf die soziale Frage. Man diskutiert über ein viel wichtigeres Thema – die Reform der Orthographie. Die Akademie schlägt vor, die Doppelkonsonanten und das etymologische »h« abzuschaffen. Wenn die Reform durchkäme, könnte man »une bele feme« (statt »une belle femme«) schreiben, doch sie setzt sich nicht durch. Man atmet auf, und man erwartet vom Tagesgeschehen andere prickelnde Neuigkeiten, die das Leben spannend machen. In diesem Jahr heißt die Neuheit Mata Hari.

Die Tempeltänzerin

Mata Hari erzählt den erstaunten Parisern vom Orient und seinen Mysterien: »Ich wurde im Süden Indiens geboren, an der Malabarküste, in einer heiligen Stadt mit dem Namen Jaffuapatam, in einer Familie der heiligen Kaste der Brahmanen. Mein Vater, Suprachetty, wurde wegen seines barmherzigen und frommen Wesens Assivardam genannt, das bedeutet Gottes Segen. Meine Mutter, erste Bajadere des Tempels von Randa Swany, starb mit vierzehn Jahren bei meiner Geburt. Nachdem die Priester sie eingeäschert hatten, adoptierten sie mich und nannten mich Mata Hari, das bedeutet Auge der Morgenröte. Sobald ich ein paar Schritte laufen konnte, sperrten sie mich in dem großen unterirdischen Saal der Pagode des Schiwa ein, um mich in die heiligen Riten des Tanzes einzuweihen. Von meinen ersten Lebensjahren bewahrt mein Gedächtnis nur vage Erinnerungen an ein monotones Leben, wo ich endlose Vormittage lang automatisch die Bewegungen der Bajaderen nachahmte und an den Nachmittagen im Garten spazierenging und Jasmingirlanden flocht, um die priapeischen Altäre des Tempels zu schmücken. Aber dann kam die Pubertät, und die große Meisterin, die mich als ein dafür bestimmtes Geschöpf ansah, beschloß, mich Schiwa zu weihen, und offenbarte mir in einer Sakty-Pudja-Nacht im Frühling die Mysterien der Liebe und des Glaubens.«[4]

Mata Hari kann erzählen, was sie will, sie bezaubert durch ihre Fremdartigkeit. Wer sie hat tanzen und sich für Schiwa enthüllen sehen, gerät in einen Zauberbann, aus dem er sich nur schwer zu befreien vermag. Als Mata Hari sich noch Lady Gresha Mac Leod nannte, hat der Journalist Marcel Lami vom »Courrier français« versucht zu schildern, was man empfindet, wenn sie tanzt:

»Sie ist kräftig, brünett und blutvoll, ihr dunkler Teint, ihr umschatteter Mund und die feuchtschimmernden Augen sprechen von der Sonne ferner Länder und von gewaltigen Regengüssen. Sie windet und schlängelt sich unter den Schleiern, die ihren Körper gleichzeitig verhüllen und enthüllen. Das Schauspiel läßt sich mit nichts vergleichen, was wir je gesehen haben. Ihre Brüste heben sich schmachtend, die Augen glänzen feucht. Die Hände recken sich und sinken wieder herab, als seien sie erschlafft vor Sonne und Hitze. Vor ihr sieht man ein goldenes Götzenbild, ein altes geschnitztes Götzenbild, vor dem sich Hände zum Gebet erhoben, die unseren nicht gleichen, zu dem Münder flehten, mit betelgeschwärzten Zähnen, die unseren Mündern nicht gleichen, ihr weltlicher Tanz ist ein Gebet; die Wollust wird zur Anbetung. Was sie erfleht, können wir nur ahnen. Die Tänzerin wahrt das Geheimnis ihrer beschwörenden Hände, so wie das Götzenbild das Geheimnis seines starren Blickes wahrt. Es ist das ewige Verlangen nach dem Unbestimmten, das aufsteigt zu dem Unbekannten. Der schöne Leib fleht, windet sich und gibt sich hin: es ist gleichsam die Auflösung des Begehrens im Begehren.«[5]

Mata Haris Geheimnis ist ganz einfach. Im Kreise betörter Zuschauer, die sie umringen, läßt sie die Erregung immer mehr anwachsen, von Tanz zu Tanz, in Erwartung des Höhepunkts, da sie ihre letzte Hülle abwirft. In den Vereinigten Staaten praktiziert man dieses Entblättern in den »Burlesken«; in Europa haben vor Mata Haris Auftreten Marokkanerinnen Bauchtanznummern vorgeführt, aber Mata Hari ist etwas anderes. Feierlich, mit Gleichmut läßt sie ihre langen Arme und ihre geschmeidigen Beine spielen, ihre Geschichten von Liebe und Tod deutet sie mehr durch Gebärden an, als daß sie sie tanzt, und das Publikum ist fasziniert, von der Echtheit dieser unechten Kunst überzeugt. Mit ihren Gesten erzählt sie die Geschichte der drei Göttinnen, vom Erwachen der heiligen Schlangen, die aus dem Dschungel kommen und, um den Körper der nackten Bajadere geschlungen, tanzen. Mit ihren langen Armen ahmt sie die Schlange nach. Zweifellos ist das eine Erinnerung an Java, wo sie Mimen gesehen hat, deren Armbewegungen und katzenartige Dehnungen sie nun aus dem Gedächtnis imitiert. Musik und Düfte tun das übrige. Mata Haris Stärke ist die Atmosphäre.

Am 13. März 1905 gibt sie ihr reguläres Debüt im Musée Guimet. Die Rotunde der Bibliothek wurde zu einer Art Tempel umgestaltet. Die acht Säulen sind mit weißen Blumengirlanden umwunden. Auf jeder Säule thront eine halbnackte Frauenstatue. Emile Guimet, ein Industrieller aus Lyon, durch die Herstellung von Wäscheblau reich geworden, ist der Gründer und Direktor des Museums und hat für Mata Hari den nötigen Rahmen geschaffen: eine kleine Schiwa-Statue schwebt über der Zeremonie. Die Gewänder, die sie nach und nach ablegen wird, stammen aus der Sammlung des Museums, ebenso die schwarzen Kleider ihrer vier Begleiterinnen. Eine Gottheit mit vier Armen, Myrrhe, Sandelholz, Dunkelheit, von wenigen roten Lämpchen erhellt ... Die Gäste dieser Soiree sind zu einer Begegnung mit dem geheimnisvollen Indien geladen. »La Vie parisienne« vom 18. März schreibt: »Diese absolut echten brahmanischen Tänze hat Madame Mata Hari auf Java bei den besten Priesterinnen Indiens studiert. Diese Tänze sind geheim. Tief im Inneren der Tempel wohnen ihnen nur die Brahmanen und die Devadashis bei. Zu unserer großen Freude und Augenweide tanzte Mata Hari für uns die Prinzessin und die Zauberblume, die Anrufung Schiwas und den Tanz für Soubramayen. Sie trägt das aufs äußerste vereinfachte Gewand der Bajaderen; am Ende, als Krönung der Schlichtheit, steht sie stolz und ohne Schleier in ihrer durch ein Trikot gedämpften Nacktheit aufrecht vor Schiwa. Um den Gott gnädig zu stimmen, bringt sie sich ihm dar. Das ist sehr beeindruckend, sehr kühn und sehr keusch. Mata Hari ist Holländerin, Schottin und Javanerin zugleich. Von den nördlichen Rassen hat sie den hohen Wuchs, den kraftvollen Körper, und in Java, wo sie aufgewachsen ist, hat sie sich die Geschmeidigkeit der Panther, die Beweglichkeit der schönen Schlangen angenommen. Fügen Sie zu alldem die Glut hinzu, die der Orient in den Augen seiner Töchter schwelen läßt, und Sie haben eine Ahnung von dem neuen Stern, der gestern abend über Paris aufgegangen ist.«[6]

Emile Guimet und der Konservator des Museums, Monsieur de Milloué, halten vor Mata Haris Auftritt einen Vortrag über die wedischen Tänze. Das Publikum erfährt, daß der Tanz in der wedischen Religion weniger eine gesellige Kunst als vielmehr Gebet und eine lebendige Art, Legenden zu erzählen, ist. Indische Atmosphäre wird heraufbeschworen. Inmitten der Statuen und ihrer reglosen Begleiterinnen hypnotisiert Mata Hari ihr Publikum und fixiert es aus ihren großen dunklen Augen mit den bläulich schimmernden Augäpfeln. Mit drei Tänzen fesselt sie ihre Zuschauer. Beim ersten Tanz, zu Ehren Schiwas, ist sie halb bekleidet, in glänzende Stoffe gehüllt, beim zweiten, einem kriegerischen Tanz, ist sie mit einer Lanze bewaffnet und in rote Stoffe gehüllt; und beim dritten, einem wollüstigen Tanz, wirft sie nacheinander all ihre Schleier ab und behält nur noch einen Büstenhalter aus glänzendem Metall und einen winzigen Slip an. Das Publikum ist hingerissen.

Kunst, Wissenschaft und Sinnlichkeit, diese Kombination bringt ihr Glück. Sie hat mit ihrem Körper eine künstlerische Vision geschaffen, die von den privilegierten Zeugen immer wieder beschrieben wird:

»Mata Hari ist zur Hälfte verschleiert mit glänzenden Stoffen, die sich um die Hüften winden, den Bauch bis kurz über dem Schambein frei lassen und auf die nackten Füße herabfallen; Reifen umschließen ihre Fußknöchel, Armbänder ihre Handgelenke und ihre Oberarme kurz unter den bernsteinfarbenen Achseln ... Halbschalen aus durchbrochenem Metall bedecken ihre Brüste und werden von Kettchen über den Schultern und am Rücken gehalten. Auf ihrem schweren schwarzen Haar prangt ein seltsames Diadem, das an eine Mondsichel erinnert.«[7]

Unter den Anwesenden befindet sich kein Orientalist. Das ist auch besser, denn diese Inszenierung ist ein Schwindel. Der echte hinduistische Tempeltanz ist eine göttliche Schöpfung, die den Sterblichen in die Hände gefallen ist. Er stellt die Entstehung der Welt dar. Siva Hataraja, der Herr des Tanzes, und seine Gemahlin Parvati haben einen Weisen in dieser Gebärdensprache unterrichtet, die an eine Initiation gebunden ist. In dieser Kunst ist alles festgelegt, die Riten, die der Darbietung vorausgehen, die zweiunddreißig Stellungen des Körpers, die einhundertacht Bewegungen der Hände, jede Figur, jede Gebärde. Die Gewänder, der Schmuck, die Farben der Schminke, die vier Arten von Musikinstrumenten und die Musik selbst sind strengstens vorgeschrieben.[8]

Mata Hari kennt jetzt ihre Macht, und es gibt keine Grenzen mehr für die Gagen, die sie verlangt. Während am ersten Fastensonntag der Domherr Janvier in Notre Dame über das Wesen der Leidenschaften predigt, reißen sich die Salons um Mata Hari. Sie tritt wieder bei Madame Kirejevsky auf und tanzt zugunsten des russischen Roten Kreuzes, das nach der Niederlage von Mukden eine Sammlung für die Kriegsgefangenen veranstaltet. Mata Hari hat für ihren Auftritt tausend Goldfrancs verlangt und auch bekommen. Zu jener Zeit verdient ein Arbeiter fünf Francs pro Tag. Für die gleiche Gage läßt sie sich in den nationalistischen Salon von Madame de Loynes, der Mäzenin der »L'Action française«, einladen und tanzt dort, all ihre Schleier abwerfend, das Erwachen der heiligen Schlangen. Das Publikum ist diesmal ein Kreis rechter Intellektueller um Jules Lemaître und den jungen Léon Daudet, die sich von ihr verzaubern lassen und ihr zu weiterem Erfolg verhelfen, indem sie sie als Geheimtip empfehlen und die mondäne Presse informieren. Dem breiten Publikum ist Mata Hari noch unbekannt. Als Star der eleganten Welt wird sie wie ein Luxusparfüm lanciert.

Im April tanzt sie bei Cécile Sorel, die ihr eine Einladung des Schokoladenkönigs Gaston Menier verschafft: »Sie bekommen ein wunderbares Gewächshaus mit den seltensten Pflanzen und Blumen.« Am 18. Mai 1905 tritt sie in diesem Gewächshaus auf, vor einem Kreis von Bewunderern aus dem kosmopolitischen »Ganz-Paris«. Aus dieser Menge braucht sie sich nur den Liebhaber des Monats auszusuchen, dem das Privileg zufällt, ihre wahnsinnigen Ausgaben zu bezahlen. Mata Hari verkauft ihre Kunst und ihren Körper, und sie nutzt die Gunst der Stunde. Damit beginnt eine Karriere für sie, die Karriere der Halbweltdamen, deren Leben sich zwischen Bühne, Salon und Boudoir abspielt. Cléo de Mérode und Liane de Pougy registrieren das Auftauchen dieser Rivalin, die sich jetzt als natürliche Tochter des Prinzen von Wales, des späteren Edward II., und einer Hindu-Prinzessin ausgibt. Liane de Pougy mag Mata Hari nicht. »Ich fand sie schwerfällig, ungeschliffen, unelegant und zu aggressiv. Ich verwahre mich gegen die Vermutung, ich sei jemals mit ihr befreundet gewesen. Auf Fotos sieht man, wie häßlich sie ist. Ihr Blick ist scheel, auch wenn ihre Augen schön sein mögen, der Ausdruck ist hinterhältig, ihr Gesicht hart, gedrungen und gewöhnlich. Es war etwas Schrilles an ihr, das mir auf die Nerven ging und mich abstieß. Sie sprach laut, mit affektierter Betonung, sie log, war geschmacklos gekleidet und lief mit Riesenschritten ...«[9]

Als »nationale Liane« weithin bekannt, sonnt sich diese französische Kurtisane in der Gewißheit, die Pariser Schönheit zu verkörpern, gefolgt von der Spanierin Caroline Otero und der Belgierin Cléo de Mérode. Für diese Mata Hari mit unbestimmter Herkunft ist in den Augen der Halbweltdamen, die ihre Gunst nur Großherzögen und Königen schenken, kein Platz im begrenzten Klub der Königinnen von Paris. Als Schützling der Snobs setzt sich Mata Hari leichten Sinnes über diese Feindseligkeit hinweg. Diese emanzipierte Frau pflegt keine Weiberkameradschaft und glaubt nicht an die Freundschaft der Männer. Die Bewunderung – in klingender Münze ausgedrückt – und der Ruhm scheinen ihr zu genügen. Eines Tages wird sie bitter büßen für diesen Hang zur Einsamkeit.

Im Laufe des Jahres 1905 arbeitet Margaretha Mac Leod mit einer Energie, die ihr später, nach ihrem großen Ruhm als Mata Hari, fehlen wird. Man sieht sie überall. Sie tanzt dreimal im »Cercle royal«, sie tanzt bei der Comtesse de Tredern, die in ihrem Haus ein Theater hat, bei der Fürstin Murat, bei Henri de Rothschild, bei der Sängerin Emma Calvé. Bei dieser letzten hat auch Colette sie gesehen: »Ich sah sie gleich zu Beginn ihres Erscheinens in Paris, als sie bei Emma Calvé zwischen den Säulen eines Tempels tanzte, die schlank und nackt waren wie sie selbst. Eigentlich tanzte sie gar nicht richtig, sondern entkleidete sich nach und nach und bewegte dazu ihren langen dunkelbraunen schlanken und kraftvollen Körper. Wenig später erblickte man sie bei einem Hindu-Fest in einem Garten, wieder nackt, in der hellen Junisonne, auf einem Schimmel mit türkisenbesetzter Schabracke und Zaumzeug reitend. Am Abend wirkte ihre Haut bernsteinfarben, bei Tageslicht fast malvenfarben (...) Überall eingeladen, überall bezahlt, erschien sie nackt, tanzte vage, mit gesenktem Blick, und verschwand wieder, in dunkle Schleier gehüllt.«[10]

Die amerikanische Dame, die ihren Freundinnen in Neuilly die Attraktion Mata Hari bietet, ist eine lesbische Dichterin, Nathalie Barney. Mata Hari hatte eigentlich einen sensationellen Einzug auf einem Zirkuselefanten geplant, doch die Gastgeberin fürchtete um ihren Garten, und so war sie zu Pferde gekommen. Das Reiten ist ihr Lieblingssport. Jeden Morgen sieht man sie in den Alleen des Bois auf einem Apfelschimmel vorüberreiten. Sie trägt aus der Mode gekommene Reitkleidung, die im Second Empire für die Kaiserin Eugénie kreiert worden war: Zylinder mit einem im Winde flatternden Schleier, Faltenrock und dazu passende Jacke.[11] Die bekleidete Mata Hari unterscheidet sich gewaltig von der nackten, die Männer verzaubernden Mata Hari. Die Frauen beurteilen sie immer kritisch, sie finden sie dümmlich, maskulin, ohne Charme. Hören wir Colette, die nach ihr Nackttänzerin im Revuetheater war: »Eines Tages bei einer Garden-Party stand an einer Wegbiegung eine große linkische Frau in einem schwarz-weißkarierten Kostüm vor mir und schüttelte mir die Hand. Sie mußte mir ihren Namen nennen, weil ich sie nicht erkannt hatte, denn ihre Aufmachung, die zu hoch geknöpfte Jacke, die gelben Schuhe, der grobgemusterte weiße Schleier und der gräßliche Hut, das alles verwirrte an der Pseudo-Inderin so sehr, daß Lady W. ahnungsvoll-ahnungslos beiläufig fragte: ›Wer war denn diese Berlinerin?‹«[12]

Nathalie Barney lädt Mata Hari noch einmal zu einem speziellen Empfang bei der Sappho 1900, Renée Vivien, ein, wo sie nackt vor einem Publikum von Lesbierinnen tanzt. Mitten in ihrem Kriegstanz erkennt sie einen als Frau verkleideten Mann an der ungewöhnlichen Schuhgröße, und man kann sie nur mit viel Mühe davon abhalten, ihn mit ihrer Lanze zu durchbohren. Die Anekdote macht die Runde in Paris und bestätigt ihren Ruf als wildes Geschöpf.

Nicht alle in diesen Kreisen sind leichtgläubig. Einige haben ihr Spiel sehr wohl durchschaut, und wenn sie diese Lady akzeptieren, die keine echte Lady ist, diese Tänzerin, die keine richtige Tänzerin ist, dann deshalb, weil sie Berühmtheiten sammeln und genau wissen, daß die Salons solche Zugvögel nur kurz aufhalten. Mata Haris Stern kann nicht sehr lange am Himmel von Paris strahlen, denn er verdankt sein Licht einem Milieu, das in seiner Begeisterungsfähigkeit höchst unbeständig ist. 1905 ist ein günstiges

Jahr für sie; sie gibt fünfunddreißig Vorstellungen, sie steigt in den besten Hotels ab, wo sie oft ihre Rechnung nicht bezahlt, sie hat eine eigene Wohnung in einem der vornehmen Viertel, in der Rue Balzac Nummer 3. Immer wieder bastelt sie an ihrer Legende. Im September 1905 kündigt sie einem holländischen Journalisten an, daß sie den Tanz aufgeben und einen Fürsten Trubezkoi heiraten werde. Gerüchte über Mata Haris Verlobung, über ihre eventuelle Abreise nach Tibet, wo sie sich zur Meditation in ein Lama-Kloster zurückziehen wolle; das genügt, um den Kult um Mata Hari aufzufrischen. Heute würde man solche Ankündigungen in der auflagenstarken Boulevardpresse finden. Damals erschienen sie in mondänen Journalen, deren Leser sich an pikanten Anekdoten ergötzten. Zu diesem Zeitpunkt nimmt Mata Hari die Dienste eines professionellen Agenten, Gabriel Astruc, in Anspruch. Sie arbeiten zehn Jahre zusammen.

Astruc handelt einen phantastischen Vertrag aus: Paul Ruez, der Direktor des Revuetheaters »L'Olympia«, bietet Mata Hari zehntausend Francs für einen Auftritt in seinem Etablissement. Das ist eine Sensation: Zum erstenmal tritt Mata Hari in einem Revuetheater auf, und zum erstenmal beginnt die Saison bereits im August. Wenn man den Zeitungen glaubt, ist Paris den ganzen Sommer über wie leergefegt, aber nicht etwa, weil die normalen Pariser Bürger verreist sind, sondern weil »Ganz-Paris« auf dem Lande weilt, in seinen Schlössern. »Le Figaro« und »Le Gaulois« veröffentlichen im Sommer eine Rubrik »Nützliche Adressen«. Es handelt sich um die Ferienorte der Abonnenten der Gesellschaftsnachrichten. Solange »Ganz-Paris« abwesend ist, vegetiert die Hauptstadt so dahin. Sarah Bernhardt feiert Triumphe in den Vereinigten Staaten, die Schloßherren geben Empfänge an der normannischen Küste zwischen Cabourg und Deauville. Niemand verfiel auf die Idee, in den Süden zu reisen, wo man vor Hitze umkommt.

Im Sommer 1905 ist jedoch alles anders. Zum erstenmal sind sechstausend Pariser Kinder in Ferienlager gefahren, und durch einen Zufall, der Mata Hari zustatten kommt, ist Paris nicht ausgestorben. Es sind viele Leute im Lichtspieltheater Dufayel, wo man »Die Reise durch das Phantasiereich« von Méliès zeigt, und im Jardin de Paris, wo man »Die Belagerung von Port-Arthur« sehen kann, als erlebe man sie leibhaftig mit. Bei der Bodenkreditbank, Crédit Foncier, am Boulevard des Capucines drängen sich die Menschenmassen zur Ziehung der Presselotterie. Der Hauptgewinn beträgt eine Million Francs, das ist noch nie dagewesen. Eine achtunddreißigjährige Kantinenwirtin ist die Glückliche. Noch in derselben Woche erhält sie zweitausend Heiratsanträge. Und man kann sich auch Mata Hari ansehen. Ihretwegen kehrt »Ganz-Paris« früher als gewöhnlich aus der Sommerfrische zurück.

Am Samstag, dem 19. August 1905, erstrahlt die Fassade des großen Revuetheaters am Boulevard des Capucines in hellem Lichterglanz. Ein Ordnungsdienst kanalisiert eine elegante Menge. Equipagen, Automobile, schöne Frauen, Club-men ... schaulustiges Volk begafft Mata Haris Publikum.

Das Revuetheater, zu Beginn des Jahrhunderts aufgekommen, fügt dem Boulevardtheater bereits großen Schaden zu. Sein besonderer Reiz liegt in der Vielfalt der dargebotenen Nummern. Mata Hari präsentiert sich zusammen mit Fahrradakrobaten, einer schwarzen Sängerin, amerikanischen Tänzern, einer arabischen Truppe, gelehrten Hunden und einem Geiger, der in jeder beliebigen Stellung geigen kann. In einem solchen Sammelprogramm aufzutreten paßt ihr nicht so recht. Sie will den Kreis von Eingeweihten, die sie mühelos verzaubern kann, nicht gern verlassen. Dieser Wille, die Menge auf Distanz zu halten, erklärt ihre ganze Karriere. Liane de Pougy und Cléo de Mérode, Mätressen von Königen, sind im Vergleich zu Mata Hari Stars, die sich gemein machen. Liane ist der gefeierte Star im Casino de Paris, Cléo de Mérode tritt mehrere Male im Olympia auf, wo Mata Hari kein zweites Mal erscheint.

Mata Hari zieht am Pariser Himmel wie eine Sternschnuppe vorüber, während die vom Publikum akzeptierten Stars in Frankreich Jahrzehnte auf dem Spielplan bleiben. Aber Frankreich hatte gar keine Gelegenheit, Mata Hari zu akzeptieren. Sie wollte von der Menge nichts wissen, und die Menge machte sich nichts aus ihr. Sie ist eine Außenseiterin, und man wird sie nie so vergöttern wie die Duse, die Réjane, die große Sarah oder Isadora Duncan. Sie wirkt verlockend und zugleich abstoßend durch ihre Ungewöhnlichkeit, die sie kultiviert. Als Polyglotte – es heißt, sie beherrsche fünf Sprachen fließend – gehört sie nirgendwohin, und als Paris seinen Kosmopolitismus aufgibt und Jagd auf Ausländer macht, bekommt sie das schmerzlich zu spüren.

Die Eigenart bringt Mata Hari nicht nur Vorteile. Sie praktiziert einen kunstvollen Tanz zu einer Zeit, da die Mistinguett die Matchiche einführt, die mit Begeisterung in den Salons aufgenommen wird, weil sie anstößig ist. Außerdem gibt es bereits Imitationen ihrer Nummer. Suzy Deguez geniert sich nicht, in den Folies-Bergères Mata Hari zu kopieren, und das Durchschnittspublikum sieht keinen Unterschied. Trotzdem hat die orientalische Tänzerin keinen Grund zur Klage. Die Snobs von Paris bewundern ihren Kitsch-Orient. Als höchste Anerkennung prangt ihr Konterfei auf Postkarten, Zigarettenschachteln – die Zigaretten sind lang und nur zur Hälfte gestopft – und auf Keksdosen in Holland, wo man auch die von ihrem Vater verfaßten vermeintlichen »Memoiren der Mata Hari« verschlingt. Das Produkt Mata Hari verkauft sich gut. Der Tänzerin steht eine internationale Karriere offen.

Die berühmteste Frau Europas

Ihr erster Vertrag außerhalb Frankreichs führt sie nach Spanien, wo sie 1906 im Zentralen Kursaal von Madrid tanzt. Die Spanier sind ein wenig enttäuscht, weil sie unter ihren Schleiern Hosen trägt, aber Mata Hari hat wieder einmal das Glück auf ihrer Seite und lernt in der spanischen Hauptstadt den Botschafter Frankreichs, Jules Cambon, kennen. Die Tänzerin war immer der Ansicht, man lerne sich nur im Bett richtig kennen, aber Jules Cambon, ein außergewöhnlicher Diplomat, wird für sie mehr bedeuten als ein flüchtiger Liebhaber. Denn 1917, als alle sie im Stich lassen, sagt er als einziger zu ihren Gunsten aus. 1906 tanzt sie auch in Monte Carlo in der Ballettszene im dritten Akt von Massenets »Le Roi de Lahore«. Diesmal wird der Star der mondänen Erotik als echte Tänzerin anerkannt. Zwei Komponisten mit leicht entflammbaren Sinnen, Massenet und Puccini, sind in Leidenschaft für sie entbrannt. Ob sie mehr von ihrer Kunst oder mehr von ihrem Charme beeindruckt sind, läßt sich schwer sagen. Auf jeden Fall hat ihr das Schicksal einen Fingerzeig gegeben: Wenn sie wirklich arbeitet, kann sie das Niveau einer Maud Allen, einer Loïe Fuller oder einer Isadora Duncan erreichen, die jede auf ihre Art die Tanzkunst erneuert haben. Zweifellos träumt Mata Hari von solcher Anerkennung, doch sie hat nicht die Absicht, ihr Leben der Arbeit zu weihen. Nachlässig und unstet, wie sie ist, verschwindet sie einfach nach ihrem Triumph im Februar 1906. Mehrere Monate lang lebt sie die vollkommene Liebe in Berlin mit einem Husarenleutnant namens Alfred Kiepert. Die Uniform übt stets den gleichen Zauber auf sie aus. Während man sich in Paris fragt, was aus ihr geworden ist, tanzt die Tänzerin gar nicht mehr. Sie hat sich in eine kleine Berliner Wohnung in der Nachodstraße 39 zurückgezogen. Gewiß, ihr Liebhaber ist reich – Mata Hari hat einen geradezu physischen Horror vor der Armut –, aber sie muß verrückt sein, eine so hoffnungsvolle Karriere einem Mann zu opfern. Ihr ganzes Leben lang wird sie sich rühmen, nur ihren Impulsen zu folgen. Für ihren Leutnant hat sie die Bühne verlassen, sie läßt den Leutnant fallen, als Astruc ihr schreibt, daß Wien sie erwartet.

Im Herbst 1906 spricht man wieder von der schönen Mata Hari. Zu jener Zeit befindet sich Wien auf dem Gipfel seines Ruhms, es ist ebenso weltoffen und anziehend wie Paris. Berauscht von Massenets Versprechungen und den Lobgesängen der Presse, in denen sie mit Salome verglichen wird, erwartet Mata Hari von Astruc, daß er ihr ein Engagement an einer klassischen Bühne verschafft. Ein absurder Traum. Sie hat eine Ahnung von der Technik des professionellen Tanzes. Sie muß sich schon mit dem orientalischen Genre zufriedengeben. Um die Auseinandersetzungen anzuheizen, tanzt sie einmal nackt im Saal der Secession und einmal im Trikot im Apollo. In Wien feiert sie einen triumphalen Erfolg, und man erörtert allen Ernstes in der Presse die Frage: Was ist erotischer, das Trikot oder die Nacktheit? In der Metropole der Habsburger, wo ein gewisser Sigmund Freud soeben »Die Theorie der Sexualität« veröffentlicht hat, tragen die Studenten die Tempeltänzerin im Triumphzug durch die Straßen und rufen: »Nieder mit Isadora Duncan, es lebe Mata Hari!«

In Berlin hat sie ihre Zeit doch nicht völlig vertan. Sie hat ihre Deutschkenntnisse vervollkommnet und ihren Bekanntenkreis erweitert. Die deutsche und die österreichische Presse nehmen sich ihrer wohlwollend an, und zu Ehren ihres neuen Publikums ändert sie wieder einmal ihre Biographie. Jetzt stammt sie, über ihre Großmutter, von einem Sultan auf Java ab. Da es Gerüchte gibt, ihr Vater sei Hutmacher gewesen, dementiert sie diese mit einer neuen Version: »Er ist Berufsoffizier. Er hat mich auf Java aufwachsen lassen und dann in ein aristokratisches Internat nach Wiesbaden geschickt.« Ein weiteres Gerücht will wissen, daß sie in Berlin die Geliebte des Kronprinzen, des Sohnes von Wilhelm II., gewesen sei. Dieses Gerücht dementiert sie nicht. Es wird ihr in düsteren Zeiten Unglück bringen.

Wieder zeigt sich Mata Hari unberechenbar und läßt ihre Wiener Erfolge ungenutzt. Sie verkündet dem verdutzten Astruc, sie benötige Erholung. Im Januar 1907 entdeckt Puaux, ein Journalist der »Temps«, sie unter den Passagieren der »Schleswig«, einem deutschen Fahrgastschiff, das auf der Linie Marseille-Alexandria verkehrt. Sie kleidet sich jetzt nach der deutschen Mode und berlinert, als sei sie an der Spree geboren. Mata Hari bleibt zwei Monate in Ägypten. Sie kehrt enttäuscht zurück. Ägypten hat nichts Orientalisches. Am 30. März ist sie in Rom und hofft auf einen neuen Vertrag.

Ihr Mann hat inzwischen die offizielle Scheidung durchgesetzt, nachdem er ihr gedroht hat, Fotografien von seiner nackten Frau vor Gericht vorzulegen. Des Kampfes müde, gibt sie am 25. April 1906 schließlich nach. Der Vater hütet eifersüchtig seine Tochter, für die Mata Hari ein Ungeheuer ist. Jeanne Louise kennt ihre Mutter nur von einem Bild auf dem Deckel der Keksdose, die sie mit ins Internat nimmt. John Rudolf Mac Leod schließt im November 1907 einen neuen Ehebund, mit einer Vierundzwanzigjährigen. 1912 wird er wieder geschieden und verheiratet sich erneut am 3. Oktober 1917, zwölf Tage vor der Erschießung seiner ersten Frau.

Im Privatleben nicht glücklich, steigt die Tänzerin, die dem Unerreichbaren nachjagt, so rasch wieder ab, wie sie aufgestiegen ist. Aus Rom schreibt sie an Richard Strauss: »Nur *ich* kann die Salome tanzen.« Sie träumt seit langem davon, die grausame Tänzerin zu verkörpern, aber Richard Strauss will sie nicht als Darstellerin für seine Salome haben. Als Mata Hari nach Paris zurückkehrt, muß sie feststellen, daß man sie schon fast vergessen hat.

Der Niedergang

In ihrer Abwesenheit haben ihre Rivalinnen Karriere gemacht. Nach ihrer Trennung von Willy stellt Colette fast nackt den »Ägyptischen Traum« im Moulin Rouge dar. Ebenso wie Mata Hari trägt sie Armreifen und Büstenhalter aus Metall. Ihr zweifelhafter Erfolg beruht auf dem gleichen Rezept: Die Leute der feinen Gesellschaft sehen zu, wie sich eine Dame entkleidet, die sie in den Salons kennengelernt haben. Solche Nachahmungen nehmen zu. Im Kunstverein in Berlin hat Mata Hari bei den bewundernden Kennern eine Nachfolgerin gefunden: Die marokkanische Tänzerin Sulamith Raha zeigt im Evakostüm den Schwerttanz, den Schleiertanz und einen Bauchtanz. Ebenfalls in Berlin tritt die Amerikanerin Maud Allen in der »Vision der Salome« auf. Mata Hari ist verbittert. In einem Interview mit der Wochenzeitschrift »Fantasio« erklärt sie, sie sei so unglücklich, daß sie den Tanz aufgeben wolle. Am 20. September 1908 vertraut sie der englischen Zeitschrift »The Era« an: »Vor nunmehr dreieinhalb Jahren hatte ich meinen ersten Auftritt im Rahmen einer privaten Zusammenkunft. Seither nehmen einige Damen den Titel einer orientalischen Tänzerin für sich in Anspruch. Ich würde mich vielleicht durch solche Beweise der Aufmerksamkeit geschmeichelt fühlen, wenn die Darbietungen dieser Damen einen gewissen wissenschaftlichen oder ästhetischen Wert besäßen, aber das ist nicht der Fall.« Mata Hari hätte gern ein Exklusivitätspatent, so wie sie gern nach Belieben erscheinen und verschwinden würde. Sie macht die schmerzliche Erfahrung, daß man kämpfen muß, um sich durchzusetzen, und daß ein Star, der das Gebot der ständigen Präsenz mißachtet, all seinen Marktwert einbüßt. So bleiben ihr also nur noch Wohltätigkeitsveranstaltungen. 1908 sieht man sie im Théâtre du Trocadéro, im Pont aux Dames, wo sie vor pensionierten Künstlern tanzt, im Houlgate, im Frauentheater und schließlich bei einem bulgarischen Abend, wo sie als »pan-orientalische Tänzerin« auftritt ...

Ihren Abstieg hat sie zu einem großen Teil selbst verschuldet. Als Halbweltdame braucht Mata Hari viel freie Zeit, um sie den seriösen Herren zu widmen, die sie aushalten. In ihren Augen ist ein Mann dazu da, zu zahlen. Und sie findet überall, bis zum Schluß, Männer, die für sie zahlen. Im Jahre 1908 ist sie noch schön, vom Glanz der Berühmtheit vergoldet, und an Liebhabern mangelt es ihr nicht. Zufrieden mit ihrer Käuflichkeit und in ihrer Eigenliebe befriedigt, sieht sie sich immer noch als eine Göttin und meint ganz im Ernst, Europa liege ihr zu Füßen. Ihr Glaube an ihr Schicksal beruht auf der ungebrochenen Verachtung für die Männer, die sie für Trottel und Einfaltspinsel hält. Astruc wird es müde, einer so uneinsichtigen Künstlerin, die zu Unrecht von sich glaubt, sie sei noch immer der gefragte Star, Ratschläge zu geben. Drei Jahre zuvor galt Mata Haris Tanz als die Offenbarung einer unbekannten Kunst. Jetzt ist er nur noch eine ausgediente Nummer, die sie aufzufrischen versucht, indem sie sich beim Tanz von zwei Schlangen umwinden läßt. Ihre Nachmittage verbringt die Künstlerin untätig im Hotel Crillon, wo sie leichte Eroberungen macht. Ihre Ansprüche bleiben jedoch unverändert. Mata Hari ist fasziniert von der Figur, die sie erfunden hat. Es erscheint ihr unvorstellbar, daß sie in der Welt der Kunst nicht gebraucht wird.

Die »Antar«-Affäre bringt dieses unerschütterliche Vertrauen schließlich ins Wanken. Im Januar 1910 verspricht ihr der große Antoine, der Erfinder des realistischen Theaters, einen Part in einem Ballett, das er in der Oper von Monte Carlo inszeniert. Die Presse meldet Mata Haris Rückkehr in »Antar«, einem Werk des französisch-algerischen Dichters Chekri Gavem. Die Tänzerin hat zugenommen, sie hat sich jedoch die schlängelnde Anmut aus ihren Anfangszeiten bewahrt. Monte Carlo bereitet ihr einen Triumph. Wie groß ist daher Mata Haris Bestürzung, als Antoine sich weigert, sie bei der Inszenierung von »Antar« in seinem eigenen Theater am Boulevard de Strasbourg wieder zu engagieren. Die Auseinandersetzung zwischen dem verwöhnten Star und dem unnachgiebigen Regisseur speist sich aus den klassischen Mißlichkeiten: Mata Hari erscheint niemals pünktlich zu den Proben, sie kennt keine Disziplin und verachtet die übrige Truppe. Hinter diesen Vorwürfen steht eine Bemerkung Antoines, die Mata Hari ihm nie verzeihen wird: »Diese Frau spielt hundsmiserabel.« Bald stürzen sich die Pariser Lokalreporter auf die Affäre und schüren sie nach Herzenslust. Man publiziert eine angebliche Äußerung Antoines, Mata Hari habe nichts erfunden, ihre orientalischen Tänze seien abgestandenes Zeug. Empört verklagt sie den Verleumder und fordert Schadenersatz. Antoine, ebenso prozessierwütig, verklagt sie seinerseits und macht sich anheischig, den Mythos Mata Hari zu zerstören. Die Affäre zieht sich in die Länge, das Urteil wird erst im Dezember 1911 gefällt. Die Richter haben sich von Experten überzeugen lassen und stellen Mata Haris beschädigte Ehre wieder her. Jawohl, sie habe etwas Neues eingebracht. Doch die Justiz kann niemanden zwingen, der heruntergekommenen Tänzerin ein Engagement zu verschaffen.

Inzwischen ist die gedemütigte Mata Hari verschwunden. Zwei Jahre lang, 1910 und 1911, haben die Journalisten ihre Spur verloren. Ist sie vielleicht nach Indien zurückgekehrt? Sie ist ganz einfach die Mätresse eines Bankiers, Xavier Rousseau, der sie in seinem Schloß de la Dorée im Herzen der Touraine untergebracht hat. Dort in der Gegend hält man sie für die Schloßherrin, und die Leute von Esvres (im Departement Indre et Loire) wissen nicht, daß diese Dame, eine passionierte Reiterin, die berühmte Mata Hari ist. Der Bankier, der natürlich verheiratet ist, führt ein Doppelleben, und Mata Hari, die eben noch über Europa herrschen wollte, begnügt sich mit diesem Exil in der Touraine. Die Romanze endet ganz undramatisch. Rousseau schenkt seiner Geliebten großzügig ein Häuschen im normannischen Stil in der Rue Windsor Nummer 11 in Neuilly. Ein hübsches Abschiedsgeschenk. Das Häuschen in der Rue Windsor wird ein Zufluchtsort, wo sie ihre Bewunderer empfängt.

Nach und nach verwandelt sich die Künstlerin in eine Halbweltdame. Damit erklärt sich auch ihre Leidenschaft für Hotels. Wenn sie in Paris ist, sieht man sie oft im Plaza, im Meurice, im Crillon, und, wenn sie nach Nizza kommt, im Impérial. Sie hat die Gewohnheit beibehalten, abzureisen, ohne die Rechnungen zu begleichen, zu kaufen, ohne nachzudenken, und nun wundert sie sich, daß sie bis zum Hals in Schulden steckt. Sie hat etwas von der Nana Zolas: Das Geld zerrinnt ihr zwischen den Fingern. Der Journalist Paul Fuchs, der sie sieben Jahre zuvor bei der Comtesse de Loynes eingeführt hatte, erschrickt, als er sie in ihrem Haus wiedersieht, wo alles nach Mangel riecht. Mata Hari steht kurz vor dem Zusammenbruch. Ein Brief gibt davon Zeugnis:

»Ich erwarte den Besuch eines Freundes, der mir wahrscheinlich helfen wird. Wenn nicht, bin ich fest entschlossen: Ich töte meine Pferde und meinen Wachhund; ich zerschlage mein Service und mein Kristall, ehe ich mir von der Bande der Geschäftsleute und meinem Hausbesitzer alles nehmen lasse ...«

Die Prostitution spielt eine immer größere Rolle in ihrem Leben. Sie bietet sich Provinzlern an, die als die einzigen sie noch für eine Berühmtheit halten. Eine Nacht mit Mata Hari, eine schöne Erinnerung für sechshundert Francs. Die Tänzerin hat ihre Tarife gesenkt. Es kommt auch vor, daß sie den Kunden davonjagt, wie eine ordinäre Dirne. Dr. Bizard, der Arzt der Prostituierten, hat Mata Hari zweimal getroffen. Als er sie 1917 im Gefängnis von Saint-Lazare sieht, erinnert er sich:

»Ich erinnerte mich voller Verwunderung, daß ich sie schon einmal gesehen hatte, bei meinen Untersuchungen als Amtsarzt in einem Stundenhotel im Quartier de l'Etoile. Mir fiel sogar ein, daß Madame H., die Hausherrin, mir gestand, sie könne wirklich nicht verlangen, daß eine Frau, die tausend Francs für einen ›Moment‹ fordere, sich der ärztlichen Untersuchung unterziehe, um so weniger, so setzte sie hinzu, als diese Frau nirgendwo anders hinginge als zu ihr. In Wirklichkeit suchte Mata Hari mehrere solcher Häuser auf, ließ jedoch die Besitzerin jeweils in dem Glauben, sie käme nur zu ihr.«[13]

Mata Hari ist noch nicht abgetreten. Im Januar 1912 ist sie wieder auf der Bühne. Der getreue Astruc hat ihr einen wunderbaren Vertrag verschafft: Mata Hari ist an die Scala in Mailand eingeladen. Sie verkörpert die Venus in einem modernen Ballett und baut ihre alte Nummer, »Die Prinzessin und die Blume«, in den fünften Akt der Oper »Armida« von Gluck ein. Die von ihr erhoffte Begeisterung bleibt aus. Die Scala ist eine Hochburg der Musik, Mata Hari hat da nichts zu suchen. Dafür betört sie die römische Aristokratie, als sie in einem privaten Salon die Salome tanzt. Ist ihr dieser Erfolg in der mondänen Gesellschaft zu Kopf gestiegen? Mit ihrer gewohnten Maßlosigkeit ist sie wieder auf der Jagd nach einer unerreichbaren Rolle. Sie will nichts weiter als einen Platz in der berühmtesten Truppe Europas, in Djagilews russischem Ballett!

Im März 1912 beginnt sie mit der Belagerung. Sergej Djagilew leitet ein märchenhaftes Ensemble. Es ist die ehemalige Ballett-Truppe des kaiserlichen Theaters von Sankt Petersburg, die sich selbständig gemacht hat und Anna Pawlowa, Michail Fokin, Tamara Karsawina und den großen Nijinski zu ihren Mitgliedern zählt. Die Welle der Ballets russes hat die alten Tänze der Isadora Duncan und die Lichterspiele der Loïe Fuller aus der Mode gebracht; man muß schon die souveräne Naivität einer Mata Hari besitzen, um sich vorzustellen, Djagilew könne sich für sie interessieren. Seit 1908, seit der Aufführung von »Boris Godunow« in der Oper, schwört Paris auf die Ballets russes. Djagilew stützt sich bei seinen Libretti auf die größten Dichter, beansprucht für seine Bühnenbilder die größten Maler und für seine Musik Rimski-Korsakow und Strawinsky. Er verkörpert die Moderne. Die Ballets russes, das sind der »Feuervogel«, »Scheherezade«, »Petruschka«, »Das Gespenst der Rose«, triumphale Erfolge und Skandale auf den bedeutendsten Bühnen Europas. Es gibt keine höhere Ehre, als für Sergej Djagilew zu arbeiten. Mata Hari begreift, daß aller Ruhm bei den Ballets russes zu erringen ist. Sie fällt aus allen Wolken, als sie zu einem Probeauftritt bestellt wird, wie eine Anfängerin. Djagilew kommt nicht einmal selbst. Sein Bühnenbildner, Bakst, examiniert Mata Hari und hat alle Mühe, ihr klarzumachen, daß sie nicht engagiert wird. Mata Hari ist um so wütender, als sie schon überall verkündet hat, sie habe zugesagt, für Djagilew zu tanzen ...

In jenem Jahr tanzt Nijinski nach einer von ihm selbst erarbeiteten Choreographie den »Nachmittag eines Fauns«, sein Rivale Fokin beeindruckt in »Daphnis und Chloe« und »Der blaue Gott«. Ravel, Debussy, Strawinsky, Schönberg lassen den Pomp der Belle Epoque in Vergessenheit geraten. Etwas Neues herrscht im Reich der Künste, und auch wenn Mata Hari das nicht zugeben kann, so ist sie doch in die äußere Finsternis zurückgestoßen worden.

Zuweilen kann sie noch ihre orientalische Nummer anbringen. Am 14. Dezember 1912 gestaltet sie indische Kunst vor den jungen Mädchen der Université des Annales, doch ihr Stil gefällt nicht mehr. Astruc, der Direktor des Théâtre des Champs Elysées geworden ist, kehrt sich von seiner ehemaligen Startänzerin ab. Da reist sie nach Berlin, wo sie auf Paul Cambon trifft. Die Brüder Cambon, Paul in Berlin und Jules in London, sind gewissermaßen die beiden Augen der französischen Diplomatie, und die Republik hofft auf ihre Fähigkeiten, um den bedrohten Frieden zu retten. Mata Hari sieht in Paul Cambon nur einen alten Freund, und sie bittet ihn, sich bei Wilhelm II. für sie zu verwenden, um ihr ein Engagement an der Berliner Oper zu verschaffen. Er versucht es, ohne Erfolg. In Deutschland wie in Frankreich geht Mata Haris Ära glanzlos zu Ende.

Mata Hari ist nicht mehr das, was sie einst war. Ihr Haar wird an den Schläfen grau, sie färbt es, manchmal blond. In den Folies-Bergères tritt sie als spanische Tänzerin in »La Revue en chemise« auf, im Kino Gaumont bringt sie sich ein letztes Mal dem Gott Schiwa dar. Sie tanzt noch im Trianon Palace, einer Spelunke in Palermo, für eine jämmerliche Gage. Es bleibt ihr nur noch ihr Selbstvertrauen. Nach drei Auftritten im Musée Galliera im Januar 1914 erzählt sie einem Reporter der »Vogue«, sie bereite ein sensationelles Comeback vor. Sie ist wirklich die einzige, die an ihre Zukunft glaubt. Aus Berlin hatte sie an Guimet geschrieben und ihn gefragt, ob es nicht besser sei, wenn sie ihr Glück in der ägyptischen Kunst versuche. Am 9. März 1914 erhält sie die bissige Antwort: »Chère Madame, ägyptisches Ballett zu machen ist eine ausgezeichnete Idee, vorausgesetzt, es ist wirklich ägyptisch.«

In der deutschen Hauptstadt hat sie ihren Husarenoffizier wiedergetroffen und lebt mit ihm zusammen. Sie sucht verzweifelt ein Engagement in Berlin. Am 23. Mai 1914 engagiert das Metropol-Theater sie für eine Operette, »Der Millionendieb«. Die Premiere ist für Anfang September angesetzt. Doch sowohl in Berlin wie auch in Paris hat sich das Klima verändert. Man poliert das Schreckgespenst des Erbfeindes wieder auf. Ein hysterischer Patriotismus greift um sich und erklärt den heiteren kosmopolitischen Geist der Belle Epoque zum Verrat. In diesem letzten Friedensfrühling wittert die Menge bereits den Brandgeruch des Krieges. Die Zeiten sind vorbei, da eine Mata Hari ohne Paß durch ganz Europa reisen konnte. Der unmittelbar bevorstehende Ausbruch eines großen europäischen Konflikts bedeutet das Ende ihrer internationalen Karriere.

DAS ENDE EINER WELT

Europa im Krieg

Am 28. Juni 1914 wird der österreichische Erzherzog Franz Ferdinand während einer offiziellen Reise durch Bosnien in Sarajewo ermordet. Dieses von bosnischen Nationalisten und dem serbischen Stab vorbereitete Attentat hätte niemals einen allgemeinen Krieg in Europa provozieren dürfen. Aber Wien zieht Kapital aus diesem politischen Verbrechen und versucht, seine Rechnung mit Serbien zu begleichen, Rußland schaltet sich ein, ohne seinen Verbündeten Frankreich zu konsultieren, der zur Hilfe verpflichtet ist, Berlin betritt die Arena in dem Augenblick, da Franz Joseph zögert, von der Perspektive eines allgemeinen Konflikts erschreckt. Am 23. Juli richtet Österreich ein Ultimatum an Belgrad und löst damit die unheilvolle Kettenreaktion aus. Am 28. Juli erklärt Österreich Serbien den Krieg, am 29. Juli ordnet Nikolaus II. die teilweise Mobilmachung seiner Truppen an und am 30. Juli die allgemeine Mobilmachung, am 31. Juli fordert Wilhelm II. die Russen auf, den Prozeß der Mobilmachung zu stoppen, solange noch Zeit ist, und beauftragt seinen Botschafter in Paris, Schön, Frankreich zu seiner Haltung in einem eventuellen Konflikt zu befragen. Es gibt noch Optimisten, wie Jaurès, die glauben, der Frieden könne gerettet werden und Mobilmachung bedeute noch nicht Krieg, aber an ebenjenem 31. Juli ermordet Villain, ein nationalistischer Lehrer, den Sozialistenführer, der einen letzten Vorstoß bei seinen deutschen Genossen wagen wollte. Am 1. August ist alles entschieden. Rußland hat sich geweigert, die Mobilmachung rückgängig zu machen, Deutschland beschließt seinerseits die allgemeine Mobilmachung und erklärt den Russen den Krieg. Nach einem vorher ausgearbeiteten Plan, dem Schlieffen-Plan, dringt die deutsche Armee am 2. August in das Großherzogtum Luxemburg ein und fordert von Belgien den freien Durchgang, denn Deutschland will Frankreich schlagen, bevor es seine Truppen an die russische Front wirft. Frankreich hatte am Tag zuvor mobilgemacht, Wilhelm II., voller Siegeszuversicht, erklärt Frankreich am 3. August den Krieg und empfängt mit Gelassenheit die Nachricht von der englischen Kriegserklärung vom 4. August als Reaktion auf die Invasion Belgiens. Eine Tragödie, die niemand wirklich gewollt hat, nimmt ihren Lauf, weil die Diplomaten, die die vorhergehenden Krisen von 1905, 1908 und 1911 zu entschärfen vermocht hatten, in diesem unheilvollen Sommer 1914 die Kriegsvorbereitungen nicht bremsen. Seit einem Jahrhundert hatte es in Europa keinen großen Krieg mehr gegeben. In Berlin, in Wien, in Moskau und in Paris begrüßen die ahnungslosen Massen diese Katastrophe wie einen Segen.

Paris – Berlin 1914

In Paris löst die Meldung vom Beginn des Krieges Kundgebungen kollektiven Wahnsinns aus. Aufgebracht durch die »Enthüllungen« Léon Daudets in »L'Action française«, fallen die Passanten über die Maggi-Kub-Milchläden her, von denen es in der Hauptstadt sehr viele gibt. Es geht das Gerücht, auf der Rückseite der Werbetafeln für die Bouillon Kub habe die deutsche Spionage wichtige Informationen weitergegeben und die Milchhändler seien nur zum Schein Milchhändler und stünden seit langem im Dienste des kaiserlichen Generalstabs. Man plündert, man legt Feuer, man lyncht in den Milchläden, und die Polizei sieht zu. Dieser blinde Fremdenhaß tobt sich mehrere Tage lang aus, und es ist gefährlich, in Paris mit deutschem Akzent zu sprechen. Einige Elsässer bekommen das zu spüren.

Der Krieg hat schlecht begonnen. Man hatte an den siegreichen Einzug der französischen Armee in das befreite Mulhouse geglaubt, aber die Offensive im Elsaß beschränkt sich nicht nur auf die Rückeroberung weniger Dörfer, die Katastrophe von Charleroi führt auch zum Rückzug auf Frontlinien, die immer näher an Paris heranrücken. Auf die chauvinistische Euphorie vom August folgt eine Panik, die sich am deutlichsten im Massenexodus aus Paris manifestiert. Die Meldungen, egal, ob wahr oder falsch, über den Anmarsch des Generals von Kluck und der Truppen des Kronprinzen werden flüsternd weitergetragen, denn die Zensur siebt die Informationen über die militärische Lage. »Sie« sind in Creil! »Sie« sind in Pontoise! »Sie« stehlen und brennen systematisch alles nieder! »Sie« hacken den Kindern die Hände ab. Die Furcht vor den Barbaren weckt uralte Ängste. Man glaubt sich fast in die Zeiten zurückversetzt, da die Hunnen auf Lutetia marschierten. Die Menge drängt sich in Saint-Etienne du Mont, um zur heiligen Geneviève, der Schutzpatronin von Paris, zu beten, die einst die Bedrohung durch Attila abgewendet hatte. Innerhalb einer Woche ist mehr als ein Drittel der Pariser Bevölkerung geflüchtet. Diese achthunderttausend Flüchtlinge sind mit der Eisenbahn zu Verwandten in die Provinz gefahren. Die Regierung ist ihrem Beispiel gefolgt und hat sich nach Bordeaux zurückgezogen. Gallieni, zum Gouverneur von Paris ernannt, bemüht sich, die Ruhe wiederherzustellen und die Verteidigung der Hauptstadt zu organisieren. In Paris hört man bereits den Donner der deutschen Kanonen. Feindliche Flieger haben die Stadt überflogen, Bomben abgeworfen und Spruchbänder flattern lassen, auf denen das baldige Eintreffen des Kronprinzen in Paris angekündigt wird.

Die Bevölkerung ist ohne Nachrichten und stürzt sich auf ermutigende oder beunruhigende Gerüchte. Die Optimisten geben sich gut unterrichtet und sprechen von einer Geheimwaffe unseres Stabes, die Gallieni zurückhält, bis der Feind unter den Beschuß der Armee, die Paris verteidigt, gerät. Es heißt, wir hätten Granaten, die mit »Turpin-Pulver« gefüllt sind, das die Angreifer auf der Stelle versteinert. Man erzählt sich, die Geheimwaffe habe Wunder gewirkt bei Metz, wo fünftausend Bayern jetzt wie die Toten von Pompeji aussehen. Die Pessimisten sind ebenfalls ganz bei der Sache. Sie sehen überall deutsche Spione. Die Nonnen und die Kindermädchen sind verdächtig, denn gut informierte Leute warnen ihre Nachbarn, daß die deutschen Agenten vorzugsweise diese Verkleidung wählen. Der Belagerungszustand schürt die Angst, und der alte Gallieni muß seine ganze Kaltblütigkeit aufbieten, um diese Furcht niederzuhalten und die Bevölkerung zur Beteiligung an den Verteidigungsmaßnahmen zu zwingen.

Paris gewöhnt sich an die Verdunkelung. Die Luftangriffe sind noch nicht sehr gefährlich; aber die Fensterscheiben müssen schon blau angestrichen werden, und die Beleuchtung wird verboten. Die Lichterstadt lebt im Dämmerlicht. Freiwillige Helfer stapeln Sandsäcke zum Schutz der Fassaden vor Kaufhäusern, historischen Gebäuden und Kirchen der Hauptstadt. Man gewöhnt sich an den Anblick von Verwundeten in den Straßen, und die jungen Mädchen aus dem Bürgertum verwandeln sich in Krankenschwestern oder in Spendensammlerinnen. Man spendet für die Flüchtlinge aus dem Norden, für die Belgier, für die Russen, die sich zur Rettung Frankreichs geopfert haben, indem sie bei Tannenberg heldenhaft angriffen. Joseph Gallieni, Oberbefehlshaber über eine Festung ohne Befestigung, gibt seinen Parisern Beschäftigung. Er ist nicht sicher, daß er einen Frontalangriff zurückschlagen könnte, doch seine olympische Ruhe beruhigt auch die Bevölkerung. Sie kann nicht wissen, daß der Gouverneur von Paris damit rechnet, den Eiffelturm, alle Brücken, die großen Mühlen, die Fabriken von Puteaux, die großen Kaufhäuser, die Pulverfabriken und die Gewerbebetriebe sprengen zu müssen. Im Unglücksfall darf den Deutschen nichts in die Hände fallen. Gallieni ist hellsichtig, aber er gibt die Hoffnung nicht auf, und so rettet er Paris, indem er Joffre zu dem Manöver an der Marne anregt. Die französische Gegenoffensive vom 6. September zwingt von Kluck zum Rückzug, als die deutsche Armee bereits dreißig Kilometer vor Paris steht.

Mit dem »Wunder an der Marne« ist die Möglichkeit einer Kapitulation Frankreichs und Belgiens wieder in weite Ferne gerückt. Die Deutschen hatten bereits eine Medaille prägen lassen, um den Einzug ihrer Truppen auf den Champs Elysées zu feiern … Sie müssen ihre Hoffnungen herunterschrauben. Der Krieg ist nicht mehr frisch und fröhlich und läßt sich nicht mit einer Schlacht gewinnen.

Als der Kaiser in Berlin von der Terrasse seines Schlosses verkündet, Deutschland werde die Herausforderung annehmen, reagiert die Menge begeistert, tanzt, singt und johlt: »Nach Paris!« ... Nur wenige Arbeiter haben mit einer Demonstration unter roten Fahnen versucht, gegen den Krieg zu protestieren. Die Polizei wirft sie in die Spree. Sowohl in Deutschland wie auch in Frankreich begrüßen die großen Parteien, einschließlich der Sozialisten, mit patriotischem Jubel den gerechten Krieg, und der altdeutsche »Bürgerfrieden« findet seine Entsprechung in der französischen »Union sacrée«. »Es gab keine Parteien mehr, nur noch Deutsche. Die Linke war ausgeschaltet; ein eisenbewehrtes Volk hielt singend stand. Der Kronprinz in seiner Lieblingsuniform als Husar stand in seinem offenen Daimler und rief: ›Auf! Vorwärts!‹ Seine Majestät, der Kaiser, in funkelnagelneuer feldgrauer Feldmarschalluniform, mit Orden überladen, mit Biberpelzkragen, Reitgerte, Marschallstab und Ledergamaschen, rief, und alle, alle strömten herbei: ›Deutsch will ich sein, so soll es erschallen von den Felsen bis zum Meer, deutsch, wie unsre Väter waren. Es lebe deine siegreiche Krone, Deutschland!‹«[14]

Berlin, die Hauptstadt einer siegreichen Nation, deren Truppen im russischen Polen, in Belgien und in Frankreich kämpfen, hat ganz am Anfang des Krieges gezittert. Die russischen Truppen von Samsonow und Rennenkampf waren nach Ostpreußen vorgedrungen, und in diesem Moment bringt »Le Matin« eine aufsehenerregende Überschrift: »Die Kosaken fünf Etappen vor Berlin«. Mit dem Sieg über die Eindringlinge hat sich Hindenburg den Anspruch auf den ewigen Dank der Berliner erworben. Wie Joffre in Frankreich wird er in Deutschland blind verehrt, und es gibt eine Holzstatue von ihm, in die Abergläubische glückbringende Nägel schlagen. Die Optimisten in Deutschland sehen den Krieg schon als gewonnen an, und nur das Volk glaubt an eine unmittelbar bevorstehende Neuaufteilung der Reichtümer. Am 9. September entwirft der Reichskanzler Bethmann-Hollweg, berauscht von den Ergebnissen bei Charleroi und Tannenberg, sein Siegesprogramm. Deutschland, als Weltmacht, wird Luxemburg annektieren, Belgien unterwerfen, Frankreich ökonomisch in »Mitteleuropa« integrieren, das heißt es zwingen, das Eisenerzbecken von Briey-Longwy, Belfort, die Westhänge der Vogesen sowie Flandern von Dünkirchen bis Boulogne abzutreten. Im Osten würde ein Pufferstaat, ein Satellit des Reiches, Deutschland endgültig vor einer russischen Invasion schützen. In Afrika schließlich würde ein »Mittelafrika« rund um den Kongo, der den Belgiern weggenommen wird, das Gegenstück und die Ergänzung zu »Mitteleuropa« bilden. Auf diese Weise hätte Deutschland nicht nur in wenigen Wochen den Krieg gewonnen, es hätte mit einem siegreichen Frieden auch seine Hegemonie auf den beiden Kontinenten gesichert.[15]

Berlin schickt sich an, die Hauptstadt eines Weltreiches zu werden, in dem die Zivilisation einer höheren Rasse herrschen wird. Bereits 1912 sah Wilhelm II. den heraufziehenden Konflikt als einen Krieg der Rassen: »Das zweite Kapitel der Barbarenüberfälle ist beendet. Drittes Kapitel: Kampf der Germanen gegen die Russen und die Gallier. Keine Konferenz kann uns davon befreien; denn das ist keine große politische Frage, sondern eine Rassenfrage ... Es geht um die Existenz der germanischen Rasse in Europa.«[16]

Dieser grundsätzliche Kampf erfordert, daß jede Spur der gegnerischen Kultur aus der im Kriege befindlichen Gesellschaft verschwindet. Den eleganten deutschen Frauen ist es verboten, ein französisches Korsett zu tragen, und in einer berühmt gewordenen öffentlichen Erklärung verkünden die bedeutendsten Intellektuellen des Landes die Überlegenheit der germanischen Kultur über die Ideen und den Geschmack degenerierter Feinde. Frankreich bleibt nichts schuldig. Debussy proklamiert seinen Abscheu vor der Musik der »Boches«, Erzeugnisse deutscher Herkunft verschwinden oder werden französisiert. So wird aus dem beliebten Malz von Kneipp »ein französisches Produkt, hergestellt von Prosper Maurel in Juvisy-sur-Orge, Seine et Oise«. Der Einfluß

Frankreichs auf Deutschland und Deutschlands auf Frankreich, der eben noch in den verschiedensten Bereichen zu spüren war, wird als eine schändliche Krankheit gebrandmarkt, die das Gemeinwesen fast zugrunde gerichtet hätte. Die von der Propaganda aufgehetzte öffentliche Meinung spricht dem Feind das Recht ab, sich als zur Menschheit gehörig zu betrachten. Diese Hysterie wird auf beiden Seiten des Rheins geschürt, denn man erachtet sie als unerläßlich für die Aufrechterhaltung der Kampfmoral. Wer den Krieg als einen Selbstmord Europas empfindet, hat ein Interesse daran, seine Meinung für sich zu behalten. Man muß schon die Unvorsichtigkeit eines Romain Rolland besitzen, um zu wagen, die Absurdität dieses blutigen Getümmels anzuprangern:

»Den europäischen Krieg, dieses ruchlose Getümmel, das den Anblick eines wahnsinnigen, den Scheiterhaufen besteigenden und sich wie Herkules mit eigenen Händen zerfleischenden Europa bietet. So stürzen sich denn die drei größten Völker des Abendlandes, die Hüter der Zivilisation, in ihr Verderben und rufen die Kosaken, die Türken, die Japaner, die Singhalesen, die Sudanesen, die Senegalesen, die Marokkaner, die Ägypter, die Sikhs und die Sepoys, die Barbaren vom Pol und die vom Äquator, die Seelen und Häute aller Farben zu Hilfe! (...) Muß der Stärkste ewig davon träumen, seinen hochmütigen Schatten auf den anderen lasten zu lassen, und müssen die anderen sich ewig verbünden, um ihn niederzuschlagen? Wird denn dieses kindische und blutige Spiel, in dem die Partner alle Jahrhunderte die Plätze wechseln, nie ein Ende haben, bevor nicht die Menschheit völlig erschöpft ist?«[17]

Das Gespenst des Verrats

In Deutschland, wo sich die Gewißheit des Sieges lange Zeit auf die Betrachtung der Frontlinien auf der Landkarte stützt, ist die zuversichtliche Stimmung beständiger als in Frankreich. Der Krieg zieht sich in die Länge. Dank dem

Opferwillen von Hunderttausenden läßt sich die Niederlage vermeiden, jedoch ohne daß man viele der vom Feind eroberten Gebiete auf unserem Territorium zurückgewinnen kann. Jedes zurückeroberte Stück Land ist mit Blut getränkt, und die endlose Prüfung zehrt an den Kräften der Nation. Gerettet durch das Wunder an der Marne, aber immer noch belagert, immer noch bedroht, richtet sich das Land darauf ein, durchzuhalten. Die Kriegspropaganda ist leiser geworden, der Endsieg liegt noch in weiter Ferne. Man verbietet sich, das Wort Niederlage auszusprechen. Dieses Tabu wirkt wie ein magisches Ritual: Wenn man das Wort nicht ausspricht, tritt das Ereignis auch nicht ein. Die französische Gemeinschaft errichtet diese geistige Sperre als Reaktion auf ihre Zweifel und auf ihre Ängste. Man wappnet sich gegen die Versuchung der Verzweiflung, indem man sie mit Verrat gleichsetzt und mit einer ständigen Verschwörung der Pessimisten, Pazifisten und Defätisten gegen die französische Tapferkeit rechnet.

Frankreich ist im August 1914 sonderbar geworden. Man kontrolliert seine eigene Stimmung, man belauert die Reden und das Treiben der Nachbarn. 1915 gründet Léon Daudet »La Ligue pour la guerre d'appui« (Liga für den Beistandskrieg), deren Mitglieder jede verdächtig erscheinende Ortsveränderung, jede Unterhaltung, jeden Besuch, jedes auffällige Verhalten an die Justiz melden. Nicht nur »L'Action française« schürt diese Paranoia. Andere Zeitungen wie »Paris-Midi« und »L'Echo de Paris« folgen ihr und publizieren beunruhigende Artikel über die Machenschaften des Feindes in Frankreich. Um die Öffentlichkeit zu besänftigen und Lynchjustiz zu verhindern, hat der Innenminister Malvy Konzentrationslager errichtet, wo man – schon – denunzierte Ausländer zusammenpfercht. Die Presse meldet Festnahmen von Spionen, die regelmäßig zum Tode verurteilt werden. Das reicht nicht, um ein Publikum zu beschwichtigen, das die Angst schluckt wie eine Droge.

Die Witwen, die um ihre toten Männer weinen, schämen sich ihrer Schwäche, denn der Konformismus ihrer Umgebung erwartet von ihnen eine stoische Fassade; die armen

Leute, die über die Teuerung schimpfen, weil die Preise seit 1914 schwindelerregend steigen, müssen sich genau überlegen, was sie sagen, schließlich spekuliert Deutschland ja mit der Unzufriedenheit! Die Soldaten auf Urlaub sprechen kaum über das, was an der Front passiert. Sie tun gut daran, denn die Generale haben nur ungern Heimaturlaub gewährt nach sechzehn Monaten Krieg, und sie träumen davon, den Urlaub zu streichen, weil sie eine Ansteckung der Menschen in der Heimat durch die Fronturlauber oder eine Ansteckung der Urlauber durch die Zivilisten vermeiden wollen. Der sinnlose Optimismus der Presse entspricht nicht im geringsten der Realität, aber es ist eben sehr unvorsichtig, über die wirkliche Lage zu sprechen. Während der Schreckensherrschaft 1793/94 hieß es schon einmal, die Agenten von Pitt und Coburg verbreiteten schlechte Nachrichten, wiegelten die ausgehungerten Hausfrauen auf und versuchten, den heiligen Bund zwischen Bürgern und Soldaten aufzubrechen. Dieser Refrain wird 1914 aufgegriffen. Es heißt wieder, die Fremden seien mitten unter uns, und neuerlich macht man Jagd auf Hexen.

Daudet sagt in den Verratsprozessen aus und stützt sich dabei auf die Aktensammlung seiner Liga; in einer Reihe von Artikeln unter dem Titel »Über dem Abgrund« beschreibt Barrès ein Frankreich, das den Agenten Deutschlands ausgeliefert ist, und von Zeit zu Zeit schreitet die Justiz zur Tat und gibt den Namen eines verhafteten und bestraften Verräters bekannt.

Diese Jagd ist ein Beruhigungsmittel. Es ist nicht sehr wichtig, ob diese Verräter, unter denen auch Unschuldige sind, erfolgreich waren. Sie sterben als Sühneopfer, sie zahlen für die Zweifel einer Gesellschaft, die sich ihres Rechtes sicher ist, jedoch nicht ihres Sieges. Man kann nicht von einem Volk verlangen, über sich selbst zu richten, wenn es auf den Gedanken kommt, nach dem Sinn des Krieges und nach unseren Erfolgschancen zu fragen. So stellt man lieber einzelne Personen an den Pranger, von denen sich die Gesellschaft lossagt und die sich von der Gesellschaft losgesagt haben. Deren Tod geht die Gesellschaft nichts an; schließlich ist sie ja nicht angeklagt. Die Winter ohne Kohle und die Offensiven ohne Sieg könnten eines Tages den Wunsch nach Frieden rechtfertigen. Das muß verhindert werden. Und man bemüht sich in den führenden Kreisen auch sehr darum, denn jeder hat seinen Vorteil davon. Die Presse erhöht ihre Verkaufszahlen und verstärkt ihren Einfluß, indem sie den Hirngespinsten der öffentlichen Meinung Rechnung trägt; die Regierungen benutzen das düstere Zeremoniell der Verratsaffären, um schlummernde Energien zu wecken und die Schwankenden abzuschrecken; so befreit sich die im Krieg stehende Gesellschaft von ihren Ängsten, indem sie sie auf die schädliche Tätigkeit einer Mikrobe projiziert: auf den Agenten aus Deutschland.

DIE SPIONIN

Die schwarze Legende

Die schwarze Legende macht aus Mata Hari eine Berufsspionin, die ihre Tätigkeit als Tänzerin und ihre Fähigkeiten als Kurtisane nutzte, um sich die Geheimnisse einer arglosen Gesellschaft zu erschleichen. In einer Spionageschule ausgebildet, so heißt es, sei Margaretha Zelle auf Befehl Mata Hari geworden und habe seit 1905 überall in Europa im Auftrag getanzt und mit Botschaftern, Ministern und Generälen geschlafen. Als Tänzerin und Spionin sei sie sowohl in Friedenszeiten wie auch in Kriegszeiten eine Agentin Deutschlands gewesen, denn der Geheimdienst, dem sie untersteht, habe den Frieden stets genutzt, um seine Leute in das gegnerische Lager einzuschleusen und dort nützliche Verbindungen knüpfen zu lassen. Dieser Mythos von der gefährlichen und verführerischen »roten Tänzerin« ist also eng verbunden mit der Vorstellung von der Überlegenheit und der Perversität der deutschen Spionage.

In Wirklichkeit ist Mata Hari nur eine Gelegenheitsspionin ohne berufliche Ausbildung gewesen und hat erst nach dem kläglichen Ende ihrer Tänzerinnenlaufbahn Kontakt zum Nachrichtendienst aufgenommen. Sie sah darin eine Möglichkeit, wieder aufzutauchen und aus der Leichtgläubigkeit der Männer Vorteil zu ziehen. Das hat ihr den Tod gebracht. Sie glaubte, sie könne ihre deutschen und ihre französischen Chefs manipulieren. Das war eine Fehleinschätzung. Ihre überaus hohe Meinung von ihrer Macht hatte ihr vor 1914 genützt, denn es war schon etwas Bewunderungswürdiges an dem Mut und der Erfindungsgabe dieser alleinstehenden Frau. Da aber Krieg ist, wird Margaretha Zelle erschossen, weil Mata Hari die Spionage für ein Spiel gehalten hatte, bei dem man ungestraft die eine und die andere Seite belügen kann.

Ein Stern erlischt

Die Verwandlung der Tänzerin in eine Spionin geschieht nicht von einem Tag zum anderen. Im Frühjahr 1914 ist Mata Hari in Berlin, aber nicht, um Instruktionen von ihren Chefs entgegenzunehmen, wie bei ihrem Prozeß behauptet wird, sondern ganz einfach, weil sie da einen Liebhaber und einen Vertrag hat. Ihre Pläne als Operettentänzerin zerschlagen sich durch die Augustereignisse 1914. Dem Untersuchungsrichter Bouchardon, der sie 1917 vernimmt, schildert sie ganz naiv ihre Überraschung und Verwirrung: »Ende Juli 1914 dinierte ich eines Abends im Hinterzimmer eines Restaurants mit einem meiner Liebhaber, dem Polizeichef Griebel, als wir den Lärm einer Kundgebung hörten. Eine riesige Menschenmenge drängte sich vor dem Palast des Kaisers und rief immer wieder: ›Deutschland über alles!‹«[18]

Deutschlands Kriegserklärung an Rußland und Frankreich wird für Mata Hari zum Verhängnis, weil das Metropol-Theater seine Pforten schließt. Die Mobilmachung hat sich auch hier ausgewirkt. Was tun? In diesen ersten Kriegstagen begreift Mata Hari, daß sie in den Wirren ganz allein ist: »Die Ausländer wurden in Berlin verfolgt. Ich wollte von meinem Theatervertrag aus Gründen höherer Gewalt zurücktreten, aber der Fundusverwalter beschlagnahmte Pelze und Schmuck von mir im Wert von achtzigtausend Francs. Am 6. August reiste ich ab, um über die Schweiz nach Frankreich zu gelangen, aber während mein Gepäck die Grenze passierte, wurde mir das Betreten schweizerischen Territoriums untersagt. Am 7. August war ich wieder in Berlin, ohne Gepäck. Ich blieb in Berlin, bis ich am 17. nach Holland abreiste.«[19]

Eine hysterische Menge, die sich über die Ausländer hermacht, eine durch den Kriegszustand von heute auf morgen völlig veränderte Lage, das sind Tatsachen im Bericht der Mata Hari, die nichts Überraschendes haben. Aber die Tänzerin stand mit Fakten und Daten stets auf dem Kriegsfuß. In den Archiven der Berliner Polizei hat man keinen Polizeichef namens Griebel auffinden können, und Mata Haris wirklicher Zeitplan sah etwas anders aus, als sie es im Februar 1917 aus der Erinnerung berichtet. Sie irrt durch Berlin, kommt nicht an ihr Gepäck und Hab und Gut heran, aber findet, wie immer, einen gefälligen Herrn. Der ist ein Landsmann, selbstverständlich verheiratet, der ihre Hotelrechnung bezahlt und sie noch mit einem Taschengeld ausstattet, damit sie in ihre Heimat zurückkehren kann. Sie muß am 14. August Berlin verlassen haben, denn am 15. wird ihre Ankunft in Frankfurt am Main registriert, wo sie im holländischen Konsulat dringend um einen Paß nachsucht. Dieses Reisedokument zeigt eine blondgefärbte Mata Hari. Sie hat angegeben, sie sei dreißig, obwohl sie bereits achtunddreißig Jahre alt ist.[20]

Mata Hari entdeckt eine veränderte Welt, wo man nicht mehr ohne Paß reisen kann, wo jede Ortsveränderung begründet werden muß, wo man allem und allen mißtraut. Die Männer im Krieg werden entsetzlich ernst. Die Tänzerin hat noch nicht beschlossen, ihre Karriere zu beenden, aber es ist klar, daß man ihr nicht erlauben wird, gleichzeitig ein Star in Berlin und ein Star in Paris zu sein. Gewiß kann sie in die Niederlande heimkehren, aber dort fühlt sie sich nicht zu Hause. In Amsterdam, ihrer ersten Station, kennt sie niemanden; sie fährt so selten nach Holland. Ihr Vater ist 1910 gestorben, ihre Geschwister zeigen ihr die kalte Schulter, ihr ehemaliger Ehemann haßt sie, ihre Freunde von vor dem Krieg haben ein wenig Angst vor der »Französin«. Denn in den Augen der Niederländer ist sie Französin. Sie hat Mühe, ihre Muttersprache zu sprechen, sie schreibt französisch, und in dieser allzu friedlichen Welt fühlt sie sich eingeengt. Für Bürger neutraler Staaten ist das Leben in anderen Ländern durch den allgemeinen Argwohn gefährlich. Hier jedoch ist sie in Sicherheit. Aber sie langweilt sich.

Um ihr Leben zu fristen, greift sie zu ihren gewohnten Mitteln. Ein Gönner, der Oberst Baron Guillaume van der Capellen, bringt sie in Den Haag in einem hübschen Haus an einem Kanal unter. Hier könnte sie in Ruhe das Ende des Krieges abwarten. Ein Foto aus dieser Zeit zeigt ihre physische Veränderung: sie ist fülliger geworden, und sie braucht sich nur schwarz zu kleiden, um ganz wie eine ordentliche Bürgerin auszusehen. Nur ihr Temperament hat sich nicht verändert. Bei der Wahl zwischen Langeweile und Gefahr entscheidet sie sich, ohne zu zögern, für die Gefahr. Sie fühlt sich unwiderstehlich angezogen von der internationalen Szene.

Paris fehlt ihr. Sie will ihr Bett und ihr Silberzeug wiederhaben, die in einem Möbelspeicher untergestellt sind, sie sehnt sich nach ihrem Häuschen in Neuilly, nach ihren französischen Freunden, die viel verständnisvoller sind als ihre nüchternen Landsleute. Sie ist in ihre Heimat zurückgekommen, und sie ist wieder in der gleichen Situation wie 1903, aber damals war sie jung, und jetzt, fast vierzig, fühlt sie sich alt. Von Kleinbürgern umgeben, kann sie ihre Extravaganz nicht frei ausleben und muß sich als anständige Dame verkleiden. Dennoch hat ihr Oberst eine Rolle für sie gefunden. Am 14. Dezember 1914 tanzt sie im Königlichen Theater von Den Haag in einem Ballett von Couperin, »Les Folies françaises«. Ihre Rückkehr hat Aufsehen erregt, der Saal ist voll, denn jeder will die skandalöse Mata Hari sehen. Die Leute sind enttäuscht. Sie hat ihren Tanz der sieben Schleier wieder aufgeführt, aber sie wirft ihre Schleier nicht ab. Am 18. tanzt sie erneut, diesmal im Stadttheater von Arnhem. In Arnhem wohnt John Rudolf Mac Leod mit seiner zweiten Frau und der Tochter von Mata Hari. Die Journalisten fragen ihn: »Sie werden sie sich ansehen?« – »Ach was, ich kenne sie doch auswendig!« An jenem Tag betritt Mata Hari das letzte Mal die Bühne. Das weiß sie nicht. Sie ist überzeugt, daß sie mit Glück und starkem Willen alle Hindernisse überwinden kann, und den Krieg betrachtet sie nur als einen erbärmlichen Zwischenfall.

Ein gefährliches Gefühl kommt in ihr hoch – Nostalgie. Eine holländische Zeitschrift hat ihre Fotografie gebracht. Sie klebt sie in ihr Album mit der Unterschrift: 13. März 1905 – 13. März 1915. Auf den Tag genau zehn Jahre zuvor hatte sie ihren ersten Auftritt im Musée Guimet ... Aber sie gibt noch nicht auf. Aus Den Haag schreibt sie an ihren alten Freund Astruc und berichtet ihm von ihrem augenblicklichen Triumph: »Die Leute haben gesehen, daß mein Auftritt immerhin etwas Besseres ist als Max Linder.« Mata Hari verabscheut das Kino, das ihr das Publikum weglockt. Sie weiß auch, daß sie in den Niederlanden nach einem flüchtigen Erfolg keinerlei Verdienstchancen hat. Ihr Entschluß steht fest, sie will nach Frankreich zurück. Das wird keine einfache und mühelose Reise. Da sie aus einem neutralen Land kommt, hat sie die Wahl zwischen zwei komplizierten Routen, denn Deutschland hält Belgien besetzt. Entweder sie fährt mit dem Schiff nach England und von Southampton oder Dover weiter zu einem französischen Hafen, oder aber sie entscheidet sich für die lange Strecke, per Schiff nach England und von dort wieder eine Seereise nach Spanien und schließlich Grenzübertritt in den Pyrenäen. Mata Hari nimmt den Umweg. In Paris angekommen, steigt sie im Grand Hôtel ab. Sie ist zwar abgebrannt, aber sie wird schon jemanden treffen, der ihre Rechnung bezahlt. Und sie findet jemanden an Ort und Stelle, es ist der Marquis de Beaufort. »Ich mochte nicht allein durch Paris irren.«

Die Hauptstadt schickt sich an, Weihnachten zu feiern am Beginn dieses zweiten Kriegswinters. Die Stadt hat sich verändert. Alles steht unter dem Zeichen der patriotischen Anstrengungen und der Kriegsbegeisterung. Selbst die Werbung hat sich in den Dienst der Propaganda gestellt: »Die Russen, die keine Munition mehr haben, greifen mit den Zähnen an. Sie haben gute Zähne, denn sie benutzen Mentol.«

Auf Werbeplakaten werden nützliche Geschenke für unsere Frontsoldaten angepriesen: die Warmhalte-Feldflasche Ruba, das französische Aspirin der Usines du Rhône, »von besserer Qualität als das deutsche Aspirin«, Brühwürfel OXO, das echte französische Loden, Wickelgamaschen von Dr. Namy, Armbänder mit eingravierten persönlichen Daten, in Silber für die Offiziere, in Bronze für die Soldaten ...

Die Pariserinnen sind nicht nur Krankenschwestern oder Spendensammlerinnen, wie es »Le Figaro« verkündet, der sich nur mit den Damen und Demoiselles von »Ganz-Paris« befaßt. Die normalen Frauen ersetzen die Männer, die an der Front sind. Sie kontrollieren die Fahrkarten, sie führen Straßenbahnen, drehen Granaten in den Rüstungsfabriken, sie sind Postbotinnen, Eisenbahnerinnen und bekommen überall niedrigere Löhne als die Männer. Eine Folge des Krieges ist, daß man keine Hausangestellten mehr findet. Die Hausmädchen haben ihre Herrschaften verlassen und arbeiten lieber in der Fabrik, wo man besser verdient und nach der Arbeit frei ist.

Aus Mata Haris spezieller Sicht bietet dieses neue Paris interessante Möglichkeiten. In der Hauptstadt wimmelt es von Offizieren, die amouröse Abenteuer suchen. Sie macht weiter leichthin zahlreiche Eroberungen, ohne jedoch ihren Traum aus den Augen zu verlieren. Am 24. Dezember 1915 schickt sie folgendes Briefchen an Gabriel Astruc: »Ich bin auf der Durchreise in Paris und werde in einigen Tagen nach Holland zurückkehren. Wie ich sehe, existiert Djagilew immer noch. Ich habe einiges Neue und Seltene zu bieten, könnten Sie mir nicht ein Engagement bei ihm verschaffen? Sie müssen wissen, ich habe alles selber erfunden. Es geht mir nicht ums Geld, denn ich lebe sehr gut zu Hause mit der Unterstützung eines Adjutanten der Königin, aber ich glaube, es wäre reizvoll. Er wird es nicht bereuen, denn ich glaube, ich bin interessant für ihn.«

Wieder einmal hat Mata Hari Pech mit dem russischen Ballett. Djagilew interessiert sich nicht im geringsten für diese alternde Tänzerin. Sie gehört der Belle Epoque an und ihr nachgeahmt-orientalischer Stil ist ebenso überholt wie die überladene Architektur des Grand Palais. Die Ballets russes selbst erneuern sich und verpflichten Jean Cocteau, Pablo Picasso und Eric Satie. Djagilew wollte von Mata Hari nichts wissen, als sie auf dem Gipfel ihres Ruhmes war, was sollte er jetzt mit ihr anfangen! Ihr größter Trumpf war ein langsames und raffiniertes Entkleiden. Da sie sich das nicht mehr erlauben kann, tanzt sie bekleidet. Wird sie endlich begreifen, daß sie von der Bühne abtreten muß?

Eine neue Rolle für Mata Hari: Agent H 21

Mata Haris erste Reise bleibt nicht unbemerkt. Dr. Bizard schreibt folgende merkwürdige Notiz: »Sie war als verdächtige Belgierin gemeldet worden, und auf ihrer Karteikarte im Polizeipräsidium stand der Vermerk ›ist zu überwachen‹.«[21] Die ahnungslose Tänzerin wird also beschattet, aber sie enttäuscht die Polizei. Man stellt nur fest, daß sie eine Schuhmanie hat. Die Ermittler kommen zu dem Schluß, daß sie jetzt das Leben einer »ordentlichen Kleinbürgerin« führt.

Zu diesem Zeitpunkt muß sie wohl auch einen Schlußstrich unter ihre Tänzerinnenkarriere gezogen haben. Als sie wieder in die Niederlande zurückgekehrt ist, überdenkt sie ihre Situation. Sie wird bald vierzig, sie braucht Geld, und sie will nicht auf die Figur verzichten, die sie erfunden hat. Warum sollte sie nicht Spionin werden? Sie sieht die reizvollen Seiten dieses neuen Metiers: gut bezahlte Aufträge, ohne Risiken – die Männer sind ja so dumm –, und eine neue Quelle des Ruhms. Wenn sie die größte Spionin des Jahrhunderts würde, wäre ihre Legende unzerstörbar.

Ohne Zweifel haben die Geldschwierigkeiten ihre Entscheidung stark beeinflußt. Nachdem der kühne Entschluß einmal gefaßt ist, weiß sie auch, wohin sie sich wenden muß, denn in Den Haag, ebenso wie in Genf und Madrid, wimmelt es von Werbern für die Geheimdienste beider Lager.

Eine besondere Vorliebe für eine der Seiten hat Mata Hari nicht. Der Zufall entscheidet für sie, als sie den deutschen Konsul Cramer trifft, einen Kaufmann, der durch den Krieg zum Presseattaché des deutschen Konsulats in Den Haag aufgestiegen ist. Der Titel ist in Wahrheit eine Tarnung. Cramer arbeitet mit dem Spionagedienst von Oberst Nicolai zusammen. Im April 1916 bietet er Mata Hari an, ihre Schulden zu bezahlen. Selbstverständlich nicht ohne Gegenleistung. Sie erhält als Vorschuß eine Summe von zwanzigtausend Francs und tritt somit in Deutschlands Dienste.

Cramer läßt sie nicht unterweisen, da die Aufgabe, die man ihr überträgt, ihren Fähigkeiten zu entsprechen scheint. »Reisen Sie, bringen Sie uns Neuigkeiten.« Die ehemalige Tänzerin lernt die Gepflogenheiten des Nachrichtendienstes kennen, ohne sie jedoch ernst zu nehmen: Man gibt ihr sympathetische Tinte, streng vertrauliche Adressen und einen Codenamen, der durch das Kino später berühmt wird. Sie ist fortan Agent H 21.

Als sie am 15. Mai 1916 einen neuen Paß für denselben Bestimmungsort – Paris – beantragt, ist die Berufsangabe Tänzerin nur noch eine Tarnung. Anfang Juni 1916 besteigt sie das Schiff, und die Unannehmlichkeiten beginnen. Es ist ein großes Handicap, ein internationaler Star zu sein, wenn man in die Spionage einsteigen will. Mata Hari hat Mühe, nicht aufzufallen. Ohne Angabe von Gründen untersagen ihr die Engländer, britischen Boden zu betreten, und so besteigt sie unmittelbar nach ihrer Ankunft wieder ein Schiff der Royal Dutch Lloyd, »Zeelandia«, das nach Spanien fährt. An Bord spielt die Berühmtheit ihr abermals einen Streich. Ein franzosenfreundlicher Holländer namens Hoedemaker, der überall deutsche Spione wittert, weicht ihr nicht von der Seite. Bei der Ankunft in Madrid am 12. Juni hat sie große Mühe, den aufdringlichen Hoedemaker loszuwerden. Hat er sie denunziert? Auf jeden Fall wird sie an der Grenze durchsucht, als sie den Posten von Hendaye erreicht. Schließlich läßt man sie passieren, und am 16. Juni ist sie endlich in Paris. Ihr Quartier: das Grand Hôtel. Leider wohnt der Marquis de Beaufort zur Zeit nicht dort. Auf der Suche nach einem Kavalier trifft sie einen russischen Offizier, der auf Genesungsurlaub ist, Oberleutnant Vadim Maslow. Für ihn ist es ein gewöhnliches Abenteuer. Für sie jedoch ist es die Entdeckung eines neuen Gefühls. Sie war noch nie verliebt, jetzt verliebt sie sich in einen Mann, der sie nicht liebt und jünger ist als sie, und in ihrer blinden Leidenschaft träumt sie von einer schönen Hochzeit.

Cramer hat von ihr Auskünfte über die Situation in Frankreich erbeten. Das ist die klassische Frage, die allen Reisenden gestellt wird. Mata Hari kennt nur das Leben in Paris, und auch nur so, wie es Frauen der Lebewelt kennen. Es ist absurd, sie zu fragen, ob Frankreich in der Lage ist, lange Zeit die Kriegsanstrengungen zu ertragen. Sie weiß nichts über die Produktion in den Rüstungsbetrieben, über die Auswirkungen der Teuerung, die die Bezieher fester Einkommen ruiniert, über die Spaltungen der Gewerkschaftsbewegung, wo die Zimmerwald-Minderheit sich der sozial-patriotischen Mehrheit widersetzt, vom langsamen Erstarken einer geächteten Ideologie: des Pazifismus. Das gesamte Staatsgefüge Frankreichs ist Erschütterungen ausgesetzt, aber die Spione sind nicht in der Lage, Deutschland richtig zu informieren. Wie andere Agenten auch berichtet Mata Hari bei ihrer Rückkehr nur unbedeutende, allgemeine Dinge: Salongespräche, Ansichten aus den mondänen Zeitungen, die sie liest. In ihrem Milieu, wo die Frauen von der Verführung leben, gibt es einiges Neue. Die Gesichter werden weiß geschminkt, die Augenbrauen dunkel nachgezogen und die Augen schwarz umrandet wie bei den Tänzerinnen, die Lippen sind sehr rot, und man zeigt seine Waden. Es wird schwieriger, zwischen Damen von Welt und Halbweltdamen zu unterscheiden, denn die Sitten lockern sich, und in der Heimat feiert man Gelage, zur Empörung der Frontsoldaten. In diesem Paris der »Drückeberger« in Phantasieuniformen und der Vergnügungssüchtigen kennt sich Mata Hari immer besser aus. Soll sie nicht in Bars und Hotels verkehren, wo man die nützlichsten Bekanntschaften machen kann?

Am 12. Juli verbringt sie die Nacht mit dem Unterleutnant Hallaure. Vom 15. bis zum 18. Juli sieht man sie mit dem belgischen Major de Beaufort, mit dem sie das Wiedersehen feiert. Am 30. Juli notieren die Agenten, die sie beschatten, daß sie mit einem montenegrinischen Offizier namens Yovilchewitsch ausgegangen ist. Am 3. August teilt sie ihren Tag auf zwischen ihrer großen Liebe, Maslow, und einem englischen Unterleutnant, Gasfield. Am 4. August eine Eskapade nach Ermenonville mit einem italienischen Hauptmann namens Mariani. Am 16. August diniert sie im Train Bleu, dem eleganten Restaurant am Gare de Lyon, mit einem Generalstabsoffizier, dem Hauptmann Gerbaud, vor seiner Abreise nach Cherbourg. Am 21. August wird sie wieder in Ermenonville gesehen, mit einem nicht identifizierten englischen Offizier. Am 22. August erobert sie nacheinander zwei irische Offiziere, James Plunkett und Edwin Cecil O'Brien. Am 24. August ist Mata Hari in Gesellschaft des französischen Generals Baumgarten. Am 31. August kommt sie mit dem englischen Offizier Fernie James Stuart nach Ermenoville.

Als die Justiz diese polizeilichen Unterlagen prüft, wird Mata Hari schuldig gesprochen, nicht etwa die so leicht verführbaren Militärs: »Diese Offiziere haben sich unvorsichtig verhalten. Schuldig aber sind Sie, denn Sie sind systematisch vorgegangen ...« Ebenso wie die breite Öffentlichkeit glaubt auch die Militärjustiz an den Austausch vertraulicher Informationen im Bett. Informationsfetzen sind für sich allein ohne Wert, aneinandergereiht jedoch ergeben sie ein Bild von den Heeresbewegungen im Land ... Mata Hari hat niemals zugegeben, daß sie Hintergedanken gehabt hätte, wenn sie mit Männern schlief: »Ich liebe Offiziere. Ich habe sie mein ganzes Leben lang geliebt. Ich bin lieber die Geliebte eines armen Offiziers als eines reichen Bankiers. Mein größtes Vergnügen ist es, mit ihnen zu schlafen, ohne an Geld zu denken. Ich stelle auch gern Vergleiche zwischen den Nationen an. Außerdem haben sich diese Herren um mich bemüht. Und ich habe aus vollem Herzen ja gesagt. Sie sind zufrieden von mir gegangen, ohne über den Krieg gesprochen zu haben. Ich habe nur an Maslow festgehalten. Ihn liebte ich leidenschaftlich.«[22]

Ihr russischer Offizier liegt im Lazarett von Vittel. Durch eine Verwundung in der Champagne hat er das Augenlicht verloren. Zu jener Zeit ist ein Kriegsblinder der Held par excellence. Die Presse feiert junge Mädchen, die kriegsblinde Soldaten heiraten. Mata Hari stellt sich auf ihre Art auf den Konformismus jener Zeit ein und führt ihr Liebesleben so, als wolle sie daraus einen populären Foto-Roman machen.

Vittel, ein Kurort, eine Hotelstadt, liegt auf militärischem Gebiet. In der von den Kurgästen verlassenen Stadt befinden sich nicht nur Erholungsheime für die Verwundeten, sondern auch Übungsplätze für die alliierte Luftwaffe. Außerdem liegt ein Militärflughafen für die Bombardierung Süddeutschlands in der Nähe. Das bedeutet, daß die Bürgerin eines neutralen Landes nicht ohne weiteres das verbotene Gelände betreten darf. Doch Mata Hari ist es gewöhnt, Hindernisse zu beseitigen. Sie wendet sich an Hauptmann Hallaure. Er erklärt ihr, welche Schritte sie unternehmen muß, und dank diesem ahnungslosen Bärenführer entdeckt sie im Gebäude des Kriegsministeriums am Boulevard Saint Germain 282 das Versteck von Hauptmann Ladoux. Man hat sie an das Deuxième Bureau verwiesen, das für Spionage und Spionageabwehr zuständig ist. Dieser Besuch, der überhaupt nichts mit ihrer Mission als deutsche Agentin zu tun hat, besiegelt Mata Haris Schicksal.

Die große Spionin: Mythos und Realität

Im Sommer 1916, da sie munter umherflattert, gerät die ehemalige Tänzerin also ein zweites Mal mit einem Nachrichtendienst in Berührung. Georges Ladoux, Instrukteur in Saint Cyr, Lehrer für vormilitärische Ausbildung an der Ecole Normale Supérieure, ist auch ein linker Journalist, Chronist des »Radical«. Seine politischen Verbindungen haben ihm einen ruhigen Posten eingebracht: Zu Beginn des Krieges macht Joffre ihn zum Chef der französischen Spionageabwehr. Er ist eine eigenwillige Persönlichkeit; ebenso fabulierfreudig wie Mata Hari, beschäftigt er eine ganze Schar halb ehrenamtlicher Agenten, Amateure aus den unterschiedlichsten Kreisen, und erteilt ihnen Aufträge, die man nur bewährten Profis anvertrauen dürfte. Allerdings sind alle Nachrichtendienste, auch die einflußreichsten, in einer ähnlichen Lage. Ladoux hat eine Schwäche für die Schauspieler und die Leute aus den Künstlerkreisen in Paris. Der Regisseur Lugné-Poe arbeitet während seiner Tourneen in Skandinavien für ihn, die berühmte Mistinguett, Star in den Folies-Bergères, hat sich in seinem Auftrag eine Wohnung an der Ecke Boulevard des Capucines und Place de l'Opéra gemietet, um von dort aus das Kommen und Gehen eines verdächtigen Journalisten, des Direktors des »Bonnet Rouge«, Almereyda, zu überwachen. Es ist also nichts Überraschendes an seinem sofortigen Interesse für die Besucherin.

»Im August 1916 bin ich Mata Hari zum erstenmal begegnet, und ich sehe sie noch, als sei es gestern, sie trug trotz der sommerlichen Wärme ein dunkles Kostüm und einen breitrandigen Strohhut mit einer grauen Feder.«[23] Mata Haris Anliegen erscheint Ladoux überaus verdächtig. Vittel, warum Vittel? Instinktiv sieht er darin den Beweis dafür, daß sie für Deutschland arbeitet: »Man mußte wirklich stutzig werden bei Mata Haris Gesuch, denn ihr plötzlicher Wunsch, ihre Nieren in den Vogesen zu kurieren, war ihr ausgerechnet wenige Tage nach dem Beschluß im Hauptquartier gekommen, den Militärflughafen zur Bombardierung deutscher Fabriken dort zu errichten«[24]

Warum sollte man ihr gestatten, die verbotene Zone zu betreten, wenn man sie der Spionage verdächtigt? In der gewundenen Logik des Deuxième Bureau ist diese Erlaubnis kein Fehler, sondern eine List. Mata Hari darf also nach Vittel und ihren russischen Geliebten besuchen; für alle Fälle wird man sie beschatten lassen. Eine Verdächtige kann eine Agentin sein, die man abwirbt oder eine Schuldige, die man der Militärjustiz ausliefert. Das wird sich zeigen. So beginnen die Beziehungen der französischen Spionageabwehr zu Mata Hari.

Ihr Auftreten in Vittel ist untadelig. Sie verläßt das Krankenlager ihres Geliebten nur, um sich selbst zu kurieren, denn sie hat wirklich ein Nierenleiden. Für die Liebhaber von Legenden ist es selbstverständlich, daß sie während dieses Aufenthaltes auf Teufel komm raus spioniert. Robert Boucard, ein großer Spezialist für Spionageberichte, der seine Ruhmeszeit zwischen den beiden Weltkriegen hatte, schildert uns eine verblüffende Mata Hari:

»In Vittel konnte sie die Bauarbeiten am Flugplatz von Neufchateau, einem unserer wichtigsten Bomberzentren, ungehindert verfolgen. Sie machte häufige Besuche bei den Flugstaffeln von Luxeuil und Toul-Orchey. Sie wurde von einem Kellner aus dem Luxushotel, in dem sie logierte, und von einem Flieger beschattet, aber ihre Geschicklichkeit läßt sie alle Fallen umgehen.«[25]

Sie ist geschickt, weil sie die besten deutschen Spionageschulen absolviert hat. In der »Mata Hari« von Danielle Hemmert und Alex Roudène sieht man sie 1912 beim Training in der Spezialschule von Lörrach in Bayern. Körperertüchtigung, Revolverschießen, Fotokurs, Einführung in Abhörtechniken, eine solche Ausbildung erhalten die Stars der Spionage ... Nach Lörrach durfte sie auf Empfehlung eines jungen Marineoffiziers, Canaris, der später, unter Hitler, Chef des deutschen Spionagedienstes wurde. In der Phantasie der Vielschreiber, die der Mythos Mata Hari angelockt hat, treten die Stars von einst und jetzt nebeneinander auf, und eine Spionin von mittelmäßigem Format wird zum gefährlichsten Agenten Deutschlands im Krieg. Hören wir Singer, einen weiteren Spezialisten für Spionagegeschichten:

»Die rote Tänzerin reiste nach Ägypten unter dem Vorwand, neue Tanzformen vorzustellen, in Wirklichkeit jedoch, um mit den arabischen Führern Kontakt aufzunehmen, die bereit waren, Unruhen in Marokko zu schüren. Sie ging nach England, wo ihre Solovorstellungen ein Mißerfolg waren, wo sich jedoch die Einrichtung eines toten Briefkastens für die Spione später als äußerst günstig erwies. Ihre Reisen nach Italien verfolgten in Wahrheit das Ziel, ein Netz von Unteragenten zu schaffen für den Fall, daß Rom sich dem Bündnis gegen den Kaiser anschlösse. Ihre Solovorstellungen hatten nur noch die Funktion, ihre wahren Aktivitäten zu kaschieren. H 21 organisierte in Frankreich, praktisch vor der Nase des Deuxième Bureau, ein hervorragendes geheimes Netz von Verbindungen zu Deutschland, Holland, Belgien, Spanien und England. Das war ein kompliziertes System, das sich auf die Unantastbarkeit von Diplomatengepäck, die Durchtriebenheit der Bauern und die moralische Anfälligkeit von Drogenabhängigen stützte.«[26]

Kurz, Mata Hari verfügt unter der äußeren Erscheinung eines alternden Vamps über die Fähigkeiten und die übernatürliche Schläue von Fantomas, dem schwarzen Helden einer Fortsetzungsreihe von Souvestre und Allain, an der sich die Franzosen zu jener Zeit ergötzen. Sie hat nicht erst im Krieg mit dieser Tätigkeit begonnen, aber der Krieg offenbart ihr außerordentliches Talent. Die bereits erwähnten Roudène und Hemmert behaupten, sie habe in einer wilden Liebesnacht das Geheimnis des Kampfpanzers Mark 19 (den es nie gegeben hat) entlockt und dadurch die Deutschen in die Lage versetzt, die britischen Ungeheuer mit Panzerabwehrkanonen zu empfangen (sic).

Die wahre Mata Hari ist weniger brillant. H 21 ist in Frankreich, während die Schlacht bei Verdun tobt, aber die Ermittlungen, bei denen man ja versucht, sie zu belasten, ergeben keinesfalls, daß ihre Affären mit Militärs irgend etwas gebracht haben. Als sie nach zwei Wochen von ihrer Kur zurückkommt, lädt Ladoux sie vor, um ihr ein Angebot zu unterbreiten. Er verdächtigt sie immer noch, trotzdem betraut er sie mit einem geheimen Auftrag. Es handelt sich nicht um eine feste Anstellung. Man gibt ihr keine Agentennummer, kein Geld, keine Adressenliste, aber immerhin vertraut man ihr eine Liste von Informanten an, die in Belgien für den französischen Nachrichtendienst arbeiten. Warum? Das ist eine Falle, wird Ladoux später in seinen Memoiren behaupten. Wenn seine Agenten gefaßt würden, dann hätte Mata Hari sie verraten. So also denkt man, und so geht man mit Menschenleben um bei den »Spionjägern«.

Mata Hari fängt Feuer. Sie will gern für Frankreich arbeiten, sie hat eine Schwäche für die Franzosen, aber sie braucht eine Million. Und so schlägt sie ein Geschäft vor: »Ich war die Geliebte des Kronprinzen, und es liegt ganz bei mir, ein Wiedersehen mit ihm zu arrangieren. Hören Sie mich an und versuchen Sie mich zu verstehen. Die Deutschen haben mich angebetet und mich wie eine Königin behandelt, während ich hier bei Ihnen nur als ein Flittchen gelte. Ah, wenn Sie unsere Orgien in Berlin miterlebt hätten!

Wenn sie sich vor meinen nackten Füßen auf der Erde wälzten, habe ich mit der Peitsche ihre tierischen Begierden entfesselt. Sie gehorchten mir alle. Ich bin sicher, daß ich immer noch Macht über sie habe. Wollen Sie mir gestatten, es zu versuchen?«[27]

Ladoux fällt nicht darauf herein, aber er läßt es sich nicht anmerken: »Sie stand bebend vor mir, eine großartige Künstlerin, die ihre Rolle spontan erfand und sofort spielte.«[28]

Worauf will er hinaus? Er hofft, daß sie sich enttarnt: »Mata Hari, wenn Sie aus Frankreich kommen, kann niemand durchsetzen, daß Sie in Stenay empfangen werden. (Das war das Hauptquartier des Kronprinzen.)

›Doch, ein Mann kann das, und er war mein Liebhaber. Er ist einer der größten Lieferanten des deutschen Heeres, und er hat jederzeit Zutritt zum Hauptquartier.‹

›Wie heißt er?‹

›Cramer!‹

Der Name kam wie aus der Pistole geschossen, und dieser Schuß hat der Unglücklichen den Tod gebracht. Cramer war nämlich einer der wichtigsten Agenten von ›Fräulein Doktor‹, der Spionin des Kaisers, in Holland.«[29]

Wenn man ihm Glauben schenkt (denn er erzählt 1933 seine Gewißheiten im Jahre 1916), ist Ladoux also sicher, daß er eine Spionin vor sich hat. Aber statt sie vor Gericht stellen zu lassen, gibt er ihr Arbeit. »Fahren Sie nach Belgien, Sie bekommen fünfundzwanzigtausend Francs für jeden überführten feindlichen Agenten.« Zu der von Mata Hari gewünschten Million gibt er keine eindeutige Antwort, läßt sie jedoch hoffen, alles sei möglich, wenn sie das Vertrauen des Kronprinzen gewinne. Dieser Köder wird Mata Hari täuschen und sie weiter von einem gewaltigen Vermögen träumen lassen, das es ihr erlauben wird, mit ihrem schönen Hauptmann glücklich zusammenzuleben.

Im Herbst 1916 bildet H 21 sich ein, daß sie ein Doppelagent ist, der gleichzeitig Deutschland und Frankreich täuscht. In Belgien haben die Deutschen einen der Agenten, Allard, verhaftet, deren Namen Ladoux ihr absichtlich anvertraut hat. Das wird in ihrer Akte ins Gewicht fallen, jedoch ohne daß man sie deshalb verhaftet. Der Chef des Deuxième Bureau begnügt sich damit, ihr einen anderen Wirkungskreis zuzuweisen. Er schickt sie nach Spanien.

Das Königreich von Alfons XIII. gehört mit den Niederlanden, Schweden und der Schweiz zu der Gruppe der privilegierten neutralen Staaten, deren Schicksal nicht beeinträchtigt ist, wie auch immer der Ausgang des Krieges sein mag, und die keinem Druck ausgesetzt waren, sich einem der beiden Lager anzuschließen. Die kriegführenden Parteien brauchen die spanische Neutralität viel zu sehr, als daß sie sie in Frage stellen würden. Spanien treibt vorteilhaft Handel sowohl mit den Alliierten als auch mit den Mittelmächten, ohne daß sein König verheimlicht, der Sache der Entente mehr zugetan zu sein. Aber Alfons XIII. weiß sehr genau, daß er sein Land nicht zu einer Parteinahme bewegen kann, ohne die Feindseligkeit der Kirche, der Aristokratie, der Administration und der Armee zu wecken. »Nur ich und der Pöbel lieben Frankreich«, pflegt er zu sagen. Aufgrund seiner strategisch wichtigen Lage am Golfe de Gascogne, am Golfe du Lion und an der Durchfahrt vom Mittelmeer zum Atlantik, aufgrund seiner reichen Vorkommen an wertvollen Erzen für die Herstellung von Spezialstahl war Spanien für die Experten der Alliierten und Deutschlands von Interesse, und Madrid war ein wichtiges Zentrum des Geheimkrieges. Paris war der Meinung, in Spanien sei das deutsche Netz am besten organisiert. Feindliche Unterseeboote lauerten in den spanischen Territorialgewässern und torpedierten die Transporte französischer Truppen, oder sie brachten Agitatoren nach Marokko. Der französische Geheimdienst war der Überzeugung, daß Madrid als Hauptquartier für Defätisten und Deserteure diente, und er nannte das Beispiel des Büros von Gaston Routier, wo die illegal in Frankreich vertriebenen Zeitungen wie »La Vérité« oder »La Paix« hergestellt wurden. Wer leitete den Geheimkrieg gegen die Entente? Man hatte den deutschen Botschafter, den Fürsten Ratibor, und seine Militärattachés von Krohn und von Kalle im Verdacht.

Mata Hari hat keinen klaren Auftrag. Hauptmann Ladoux, hinterlistig und vorsichtig, hütet sich, sie offiziell anzuwerben. Als naive Doppelagentin setzt sich Mata Hari in Spanien den größten Gefahren aus. Die Deutschen, zu denen sie Kontakt aufnehmen soll, können sie als französische Agentin behandeln, und die Franzosen garantieren ihr keinerlei Schutz. Man gibt ihr nicht einmal Geld, unter dem Vorwand, sie müsse sich erst bewähren und das Deuxième Bureau sei zu arm, um Anfänger zu bezahlen. Vor ihrer Abreise nach Madrid begibt sie sich zur holländischen Gesandtschaft. Über die Diplomatenpost bittet sie ihre Haushälterin Anna Lintjens, ihr fünftausend Francs zukommen zu lassen. Im Prozeß wird Mornet behaupten, Anna Lintjens sei die Tarnung für Cramer gewesen. Mata Hari habe also von den Deutschen verlangt, ihren ersten Auftrag als französische Agentin zu finanzieren. Das Geld trifft am 4. November 1916 ein, am 6. November passiert sie die Grenze in den Pyrenäen. Da Ladoux sich nicht deutlich ausgedrückt hat, denkt sie noch an ihren Auftrag für Belgien und plant eine komplizierte Route, die sie über die Niederlande nach Belgien führen soll. Ladoux' Leute beschatten sie. In Vigo geht sie an Bord der »Hollandia«. Unterwegs wird das Schiff von der englischen Flotte aufgebracht und nach Falmouth an der Landspitze von Cornwall umgeleitet. England fungiert zu jener Zeit als Seepolizei für die Entente. Die Fracht der »Hollandia« wird kontrolliert, und man überprüft die Identität der Passagiere. Auf der Liste der Verdächtigen, die man in Falmouth an Land setzt, befindet sich Mata Hari.

Tatsächlich suchen die Engländer eine andere Spionin, die Tänzerin Klara Benedix, die in Spanien operiert. Die Inspektoren, die an Bord der »Hollandia« gekommen sind, haben die beiden Spioninnen aufgrund einer Fotografie verwechselt. Doch die Ähnlichkeit zwischen den Frauen ist sehr gering. Sei es drum. Mata Hari hat einen sehr lebendigen Bericht von diesem Mißverständnis gegeben:

»In Falmouth strömten Polizisten, Soldaten und Suffragetten auf das Schiff, letztere mit dem Auftrag, die Frauen zu durchsuchen. Zwei von ihnen durchwühlten meine Kabine, sie gingen sogar so weit, die Spiegel von der Wand abzuschrauben. Ein Offizier unterzog mich einer Identitätsbefragung, dann starrte er mich an und zog ein Amateurfoto mit einer als Spanierin gekleideten, in eine weiße Mantilla gehüllten Frau aus seiner Tasche. Das Porträt ähnelte mir ein wenig. Die Frau war jedoch kleiner und kräftiger als ich. Ich begann zu lachen, aber meine Beteuerungen überzeugten den Offizier nicht. Er sagte mir, das Foto sei in Malaga aufgenommen, und ich erwiderte, dort sei ich noch nie gewesen. Ich mußte von Bord gehen.«[30]

Die Engländer sind überzeugt, die große Klara Benedix gefaßt zu haben, und bringen Mata Hari zu Scotland Yard. Am 13. November 1916 wird sie dort vom Chef der »Special Branch«, Basil Thomson, vernommen. Dieser fünfundfünfzigjährige Akademiker, der Eton und das New College in Oxford absolviert hat, ist ein routinierter Verwaltungsfachmann, jedoch ein Neuling in der Gegenspionage, wo er noch eine lange Laufbahn vor sich hat. Er braucht einige Zeit, um zu begreifen, daß ein Irrtum vorliegt, und dieser Irrtum wird zu Mata Haris Unglück vom britischen Geheimdienst nicht erkannt. Basil Thomson wartet darauf, daß sie ihre wahre Identität beweist und läßt sie im Gefängnis schmoren, aus dem sie einen verzweifelten Brief an den Gesandten der Niederlande in London schreibt:

»Exzellenz, darf ich Sie untertänigst um Ihre schnellstmögliche Hilfe bitten. Ich bin in eine schreckliche Situation geraten. Ich bin Madame Mac Leod, geborene Zelle, geschieden. Ich war auf der Reise nach Holland via Spanien im Besitz meines echten Passes. Die englische Polizei behauptet, der Paß sei falsch und ich sei nicht Madame Zelle. Ich bin am Ende meiner Nervenkraft, seit heute morgen bei Scotland Yard in Haft. Ich flehe Sie an, helfen Sie mir! Ich wohne in Den Haag, Nieuwe Uitleg 16, und ich bin dort ebenso gut bekannt wie in Paris, wo ich jahrelang gelebt habe. Ich bin ganz allein hier, und ich schwöre, daß absolut alles mit mir in Ordnung ist. Es handelt sich um ein Mißverständnis, aber ich flehe Sie an, helfen Sie mir! Aufrichtig Margrit Zelle Mac Leod.«[31]

Basil Thomson leitet den am 13. November geschriebenen Brief am 16. November weiter. Er braucht Zeit, um diese verdächtige Reisende auszufragen: »Wenn Sie wirklich die Tänzerin Mata Hari sind, warum reisen Sie? Was ist Ihre derzeitige Beschäftigung? Warum wollen Sie nach Holland?« Sie antwortet, daß sie für Ladoux arbeitet. Der Engländer schickt ein Telegramm an Ladoux, der Mata Hari verleugnet: »Verstehe nichts. Schieben Sie sie nach Spanien ab.« Das Deuxième Bureau hat sie im Stich gelassen. Mata Hari verdankt ihre Freilassung der Gesandtschaft ihres Heimatlandes, die bestätigt, daß sie Madame Zelle, geschiedene Ehefrau des Majors Mac Leod ist. Über die gegenwärtige Tätigkeit von Mata Hari, einer Tänzerin am Ende ihrer Karriere, kann die niederländische Diplomatie keine Auskunft geben. Ein Verdacht ohne Beweis belastet diese Frau. Bevor Basil Thomson ihre Freilassung und ihre Ausweisung anordnet, liest er ihr die Leviten: »Madame, wenn Sie den Rat eines Mannes annehmen wollen, der fast doppelt so alt ist wie Sie: Lassen Sic die Finger von dem, was Sie da begonnen haben!« Am 29. November wird Mata Hari nach Spanien abgeschoben.

Das war die allerhöchste Alarmstufe. Ist die Spionageanfängerin in den Augen ihrer deutschen Auftraggeber nicht schon enttarnt, und befindet sie sich nicht in einer fragwürdigen Lage ihren französischen Chefs gegenüber, die sich geweigert haben, ihr aus einer Klemme herauszuhelfen? Mit ihrem unverbesserlichen Optimismus beschließt Mata Hari, ihre Mission fortzuführen, ohne Unterstützung, ohne Geld, ohne Instruktionen. Als sie mit ihren Tanzauftritten begann, konnte sie ja auch nur auf sich selbst bauen ... Am ersten Dezember 1916 besteigt sie in Liverpool die »Araguya«; am 6. Dezember ist sie wieder in Vigo und erkundigt sich nach Klara Benedix, der Ursache ihres Mißgeschicks. Man bestätigt ihr, daß sich diese Dame, die offenkundig eine Agentin Deutschlands ist, in Spanien aufhält. In einem neutralen Land kann man also ein registrierter Spion sein, ohne bei seiner Mission sonderlich beeinträchtigt zu werden. Mata Hari faßt wieder Mut. Zu Unrecht. Die Engländer schicken eine Mitteilung nach Paris, es sei zweckmäßig, sie zu überwachen. Mata Hari wird immer verdächtiger, doch sie hofft, mit einem großen Coup ihre Glaubwürdigkeit für Paris wiederzuerlangen.

Ladoux, den sie in einem Brief befragt, antwortet ihr nicht und verweigert ihr ganz offensichtlich seinen Beistand. Mutig oder leichtfertig tritt Mata Hari die Flucht nach vorn an. Als sie später von der Justiz vernommen wird, erklärt sie: »Da sich nichts tat, stellte ich folgende Überlegung an: Was hindert mich daran, meine Zeit zu nutzen und mit Deutschen Kontakt aufzunehmen? Wenn ich zu jenem Zeitpunkt die Möglichkeit gehabt hätte, mit dem deutschen Botschafter zu schlafen, hätte ich es getan. Nur auf solchem Wege erreicht man etwas, und nicht, indem man kleine Angestellte ausfragt.«[32]

In dem Madrider Hotel, dem Palace-Hotel, in dem sie logiert, ist eine andere Ausländerin abgestiegen. Auf ihrer Anmeldekarte hat sie angegeben, sie komme aus der Schweiz und ihr Name sei Betenfeld. In Wirklichkeit ist diese Dame Betenfeld eine Französin, sie heißt Marthe Richer und versucht auf Order von Ladoux in Kontakt mit deutschen Diplomaten zu kommen. Marthe Richer wird sich einen Namen in der Geschichte machen, sie wird zu Marthe Richard, mit der romantisch verklärten Mission. Zwei Frauen mit gleichen Plänen sind durch Zufall im selben Hotel abgestiegen, die eine wird man auszeichnen, die andere erschießen.

Zwei Spioninnen in Madrid: Mata Hari und Marthe Richard

Marthe Richard hat bereits eine bewegte Vergangenheit hinter sich. Diese siebenundzwanzigjährige Frau, die im deutschen Lothringen geboren ist, begeistert sich für die Fliegerei und ist 1913 eine der ersten Pilotinnen. Ihr Mann, Henri Richer, ein Spediteur, fällt bei Verdun, und danach beginnt die Spionagelaufbahn von Marthe Betenfeld, verwitwete Richer. Eigenartigerweise betrachtet das Deuxième Bureau sie zunächst wie Mata Hari als verdächtig. Es gibt Berichte über ihr auffälliges Interesse für Flugplätze und Flieger. Trotzdem gelingt es der Witwe Richer, vom Glück mehr begünstigt als Mata Hari, Ladoux zu überzeugen, und er gibt ihr einen Decknamen – l'Alouette, die Lerche –, sympathetische Tinte, Kontakthinweise und einen richtigen Auftrag für Spanien. Von Juni 1916 bis Dezember 1917 arbeitet sie für Ladoux' Dienststelle, die S.C.R. (Abteilung für Sammlung von Nachrichten). Als sie nach Stockholm geschickt wird, um dort mit dem Feind Verbindung aufzunehmen, scheitert sie, verliert jedoch Ladoux' Vertrauen nicht, denn er schickt sie mit demselben Auftrag nach Spanien. Sie soll sich als Schweizerin ausgeben, deren Herz für Deutschland schlägt, und so schnell wie möglich mit der Führung der deutschen Spionage in Spanien Kontakt knüpfen. Marthe Richard, als französische Spionin, soll auf Befehl ihrer Dienststelle eine feindliche Agentin werden. Darin liegt der grundsätzliche Unterschied zwischen ihrer Situation und dem ungewissen Status von Mata Hari.

Die Fliegerin, die zur gleichen Zeit an der Madrider Front angekommen ist wie die ehemalige Tempeltänzerin, verliert keine Mark. Über einen Verbindungsmann verschafft sie sich Zugang zum Marineattaché der deutschen Botschaft, Hans von Kroch, der sie in die Liste seiner Agenten aufnimmt. Fortan ist sie S 32. Zwanzig Jahre später schildert sie mit naivem Stolz das Drama der Doppelagentin:

»Mein Leben als Spionin! Mit Stolz schreibe ich diese Worte! Während des Krieges Spionin zu sein, das bedeutet nicht, sich in ein romantisches Abenteuer zu stürzen, die Femme fatale zu spielen, Köpfe zu verdrehen und Geheimnisse herauszufinden, die man gegen Berge von Gold weitergibt. Spionin zu sein bedeutet vor allem zu dienen. Ein schrecklicher Beruf! Das Mißtrauen umgibt einen von allen Seiten. Dein Auftrag besteht darin, dem Feind weiszumachen, daß du Verrat übst. Aber der Feind zögert. Ist diejenige, die verrät, nicht vielleicht eine Spionin, eine Doppelagentin? Und die dich geschickt haben, zweifeln ... Der Doppelagent steht zwischen zwei Feuern, und diese Feuer können manchmal zu Salven werden. Ich habe diese Qual kennengelernt ...«[33]

L'Alouette korrespondiert mit Ladoux, der für sie Monsieur Delambre oder Jean Cevenol ist. Die junge Spionin und ihr Chef werden sich später gegenseitig unterstützen, um die Legende von Marthe Richard und Major Ladoux, dem Spionfänger, zu weben. Zwei große Franzosen, die einander verstehen, Leute aus einem anderen Stoff als die sittenlose Mata Hari, ein Wesen ohne Herz und ohne Bindungen ... Marthe Richard ist »mehr als eine Französin, sie ist Lothringerin«. Sie verkörpert zwischen den zwei Weltkriegen, als sich der Mythos Marthe Richard verfestigt hat, sogar die Tapferkeit der französischen Frau, die zu allen Opfern bereit ist, wenn es das Vaterland verlangt. Man sollte den an Corneille gemahnenden Dialog zwischen Marthe Richard und Georges Ladoux, die schönste Seite in »Mein Leben als Spionin« immer wieder lesen:

»Es gibt Dinge, Hauptmann, in die eine Frau nicht einwilligen kann.«

»Marthe, denken Sie an die Opfer, die unsere Frontsoldaten in den Schützengräben bringen.«

»Das ist völlige Selbstverleugnung, was Sie da fordern, Hauptmann. Das ist ein noch größeres Opfer als der Tod.«

»Der Dienst fordert es.«

»Was der Dienst fordert, geht über meine Kräfte, aber ich will es versuchen.«

»Etwas wird Ihnen Halt geben, Marthe. Sie müssen sich vorstellen, daß in Frankreich Verlobte und Mütter dank Ihrem Engagement ihren Verlobten und ihren Sohn wiedersehen dürfen, der auf See kämpft. Der Baron von Krohn leitet den Einsatz der Torpedo-U-Boote an der Atlantikküste. Ihre kleinlichen moralischen Gründe wiegen nichts angesichts dieser schönen Aufgabe.«

Er verstand es, die richtigen Worte zu finden.[34]

Worum geht es? Hans von Krohn, »häßlich, mager, einäugig, mit stumpfem Blick«, macht seiner neuangeworbenen

Agentin den Hof. Er flößt ihr Abscheu ein, sie wird aus patriotischem Pflichtgefühl seine Geliebte. Von nun an fallen die Geheimnisse des Marineattachés den Franzosen in die Hände. Wunderbare Ausbeute: Marthe Richer identifiziert einen spanischen Agenten, der in Frankreich operiert, sie meldet eine Verbindungslinie, die über die Pyrenäen führt, sie übermittelt Ladoux »das Geheimschriftverfahren der deutschen Spionage, das bisher in Frankreich unbekannt und nicht zu entziffern war«. Hans von Krohn hat ihr schwarz-silbrige Körner gegeben, die man mit zwei Löffeln Wasser auflöst. Mit diesem Collargolium, das in Apotheken erhältlich ist, schreibt S 32 zwischen den Zeilen eines normalen Briefes, den sie an ihre Freundin Madeleine Stepino, alias Hans von Krohn, richtet ... Das ist nicht alles. Die allwissende Spionin entreißt ihrem Liebhaber noch einen Plan zur Vernichtung des Getreides, das Argentinien an Frankreich liefern soll – Hans von Krohn hat sie gebeten, der Filiale von Buenos Aires Gefäße mit Kornwürmern zukommen zu lassen! –, außerdem das Geheimnis der Positionsänderungen des Unterseebootes UB 52 und, um das Maß voll zu machen, den deutschen Code. Diese fabelhaften Erfolge werden die Massen zum Beben bringen, wenn Edwige Feuillère die tapfere kleine Französin und Eric von Stroheim den infamen, betrogenen Deutschen spielt. 1938 hat Raymond Bernard einen Film aus Marthe Richards Heldentaten gemacht (»Marte Richard, Spionin im Dienste Frankreichs«).

Ein Mitarbeiter von Marthe Richard im Jahre 1916, der Agent Jean Violan, ein naturalisierter Russe, dessen richtiger Name Joseph Dawritschewy lautet, zerstört ganz unritterlich diese Legende:

»Marthe Richard ist weder eine Nationalheldin noch eine erstklassige Spionin. Erst durch das Buch, das Ladoux ihr widmete, konnte Marthe Richard zu Marthe Richard werden und sich eine Gestalt und eine Biographie schaffen, die fast nichts mit der Realität zu tun haben. Für Ladoux war seine Heldin Marthe Richard nicht ganz genau die wahre Marthe Richard und mußte es auch gar nicht sein. Sie war vielmehr eine Erfindung, die das Publikum beeindrucken sollte zu dem alleinigen Zweck, die Bedeutung der Spionage für die nationale Verteidigung zu verherrlichen. Daher schrieb er ihr zahlreiche imaginäre Abenteuer zu.«[35]

Nationalheldin der französischen Spionage oder blasse Statistin in einem betrügerischen Spiel, aufrichtig oder durchtrieben, naiv oder gerissen, Marthe Richard weiß jedenfalls ihren Ruhm noch zu mehren, indem sie ihren Namen mit dem Gesetz verbindet, das 1946 die Schließung der Bordelle verordnet. Sie stirbt am 9. Februar 1982 in Paris, im Alter von zweiundneunzig Jahren. Die blonde Spionin hatte mehr Glück in ihrer Karriere als die dunkelhaarige Spionin.

Im Jahre 1916 ist sie noch eine gewöhnliche Agentin des Deuxième Bureau, die in den Korridoren des Palace-Hotel auch der Tänzerin Mata Hari begegnet. Beide schleichen sie um die Attachés der deutschen Botschaft in Madrid herum. Mata Hari hat im Adreßbuch die Anschrift von Hauptmann von Kalle, Castellana 23, gefunden. Sie schreibt ihm:

»Herr Hauptmann, ich möchte Sie gern sprechen. Welcher Tag und welche Uhrzeit wären Ihnen recht?«

Eine merkwürdige Art, mit einem mit Geheimmissionen betrauten Diplomaten in Kontakt zu treten. Mata Hari erklärt ihr Annäherungssystem so: »Packen wir den Stier bei den Hörnern.« Sie hat Glück. Er antwortet: »Madame, ich habe nicht die Ehre, Sie zu kennen, aber ich werde Sie morgen, Dienstag, um drei Uhr empfangen.« Mata Hari resümiert die Zusammenkunft schamhaft:

»Ich tat, was eine Frau bei einer solchen Gelegenheit tun kann. Ich begriff, daß ich von Kalle gewonnen hatte. Irgendwann sagte er zu mir, bequem auf seinem Stuhl lehnend: ›Ich bin müde. Ich bin momentan damit beschäftigt, deutsche und türkische Offiziere und Munition mit einem U-Boot an die marokkanische Küste in der französischen Zone zu transportieren. Das braucht meine ganze Zeit.‹«

Mata Hari frohlockt. Ihre Kühnheit hat sich gelohnt. Noch am selben Abend schreibt sie an Ladoux, berichtet ihm von der Begegnung mit von Kalle, von den ersten Informationen, die sie erfahren hat, und sie liefert ihm auch einen Namen, der im Gespräch gefallen ist, nämlich Baron Roland, »Chef der deutschen Spionage in Barcelona«. Diesmal muß Ladoux wirklich erkennen, daß sie zu arbeiten versteht. Am nächsten Tag arrangiert sie im Ritz eine Begegnung mit Oberst Denvignes, dem Chef des französischen Nachrichtendienstes in Madrid. Das ist nicht schwierig. Denvignes ist sofort entflammt. Wenn man Mata Hari Glauben schenkt, benimmt sich dieser erfahrene Offizier wie ein Gymnasiast: »Oberst Denvignes brachte mir ein Veilchensträußchen und bat mich, es den Tag über an meiner Brust zu tragen, am Abend würde er es dort wieder pflücken.« Denvignes, der im Geleit des Kriegsministers Lyautey nach Paris reisen muß, bittet sie ebenfalls um einen Bericht über die Aktivitäten von Kalles. Mata Hari diktiert ihm einen Text, in dem über die Entsendung eines französischen Fliegers, der Spione hinter den deutschen Linien absetzt, und von einer neuen Art sympathetischer Tinte bei den deutschen Agenten die Rede ist. Das ergibt einen Bericht von siebzehn Seiten, in dem der Name Mata Hari kein einziges Mal erwähnt wird. Der galante Oberst Denvignes ist zwar heißblütig in Madrid, aber sehr vorsichtig, wenn er mit Paris korrespondiert.

Immer noch keine Antwort von Ladoux. Mata Hari begreift dieses Schweigen nicht. Des Wartens müde, läßt sie am 30. Dezember 1916 auf dem französischen Konsulat in Madrid ihren Paß mit einem Visum versehen. Sie erhofft sich einen triumphalen Empfang. Sie ist der Überzeugung, daß sie einen fehlerlosen Parcours absolviert hat, und will nicht begreifen, daß sie eine enttarnte Agentin ist, sowohl für die Deutschen, die sie ohne Nutzen beschäftigen, als auch für die Franzosen, die sie auf Probe genommen haben. Ein Spion handelt nicht ohne Dienstanweisung. Das eigenmächtige Abenteuer in Madrid hat vielleicht ein paar Resultate gebracht, aber nur der Oberst Denvignes zieht daraus Gewinn.

Wurde Mata Hari verraten?

Das Verhalten der Deutschen gegenüber ihrer Agentin H 21 ist rätselhaft. Mata Hari schickt sich an, die Grenze zu passieren, ohne zu ahnen, daß sie in Lebensgefahr schwebt. Kalle hat am 13. Dezember 1916 einen Funkspruch nach Berlin gegeben, mit dem man Mata Hari klar identifizieren kann: »Agent H 21, vom Nachrichtendienst Köln im März zum zweitenmal nach Frankreich geschickt, ist hier eingetroffen. Sie hat zum Schein Angebote des französischen Nachrichtendienstes angenommen und eingewilligt, für diesen Dienst zu reisen. Sie wollte sich an Bord der ›Hollandia‹ von Spanien nach Holland begeben, wurde jedoch am 11. November in Falmouth verhaftet, weil man sie mit einer anderen verwechselte. Als der Irrtum aufgeklärt war, wurde sie nach Spanien zurückgeschickt, da die Engländer sie weiterhin für verdächtig hielten.«[36]

Wenn Kalle gewollt hätte, daß Mata Hari gefaßt wird, hätte er nicht anders gehandelt. Warum berichtet er nach Berlin von den Aufenthalten des H 21 und riskiert damit, den Ermittlern die Arbeit zu erleichtern, die einer verdächtigen Frau auf der Spur sind? Es kommt noch schlimmer. Seine Funksprüche werden vom Abhörposten des Eiffelturmes aufgefangen, und der von der deutschen Diplomatie benutzte Code wird entschlüsselt. »Die Engländer lasen die deutschen und spanischen Diplomatenmitteilungen, die zwischen Berlin und Madrid ausgetauscht wurden, und ließen die Franzosen davon profitieren. Diesen gelang es, eine der bei dieser Verbindung benutzten Chiffriermethoden an dem Tage, an dem sie das erste Mal verwendet wurde, zu dechiffrieren. Mit diesem Code telegrafierte der in Madrid stationierte deutsche Marineattaché wiederholt, um Geld und Instruktionen für den Agenten H 21 anzufordern.«[37]

David Kahn, der in seinem bemerkenswerten Buch »Der Krieg der Geheimcodes« auf diesen Sieg der alliierten Dechiffrierdienste Bezug nimmt, verwechselt den Liebhaber von Mata Hari mit dem von Marthe Richer, aber er unterstreicht den verwirrendsten Aspekt des Endes einer Spioninnenkarriere. Madrid und Berlin unterhalten sich über den Äther, als seien die Alliierten unfähig, einen deutschen Code zu dechiffrieren. Zu Mata Haris Unglück interessieren sich ihre deutschen Auftraggeber just in dem Moment für sie, als sich der Schraubstock immer enger um sie schließt. Am 26. Dezember kabelt von Kalle erneut: »H 21 wird durch ein Telegramm des holländischen Konsuls in Paris darum bitten, daß man eine weitere Überweisung an ihre Haushälterin in Roesmund veranlaßt, und ersucht Sie, diesbezüglich Konsul Cramer in Amsterdam zu benachrichtigen.« Am 28. Dezember kabelt Kalle noch einmal, als fürchte er, der französische Geheimdienst habe noch nicht begriffen: »H 21 wird morgen in Paris ankommen. Sie bittet darum, daß man ihr sofort telegrafisch, über ihre Haushälterin Anna Lintjens in Roesmund, fünftausend Francs an das Comptoir d'Escompte in Paris überweist, die an den holländischen Konsul zu übergeben sind.«[38]

Vor ihrer Abreise hat Mata Hari von Kalle um ein Reisegeld ersucht. Aus diesem Grunde meldet der Diplomat als gewissenhafter Buchhalter am 26. Dezember 1916 nach Berlin, daß er H 21 dreitausendfünfhundert Pesetas übergeben hat, das entspricht dreitausend Francs im Jahre 1916. Über den Wert vertraulicher Mitteilungen von Mata Hari wird nichts gesagt. Aber H 21 reist über die Grenze mit Geheimtinte und Instruktionen, die sie ins Verderben stürzen. Was ist leichter, als auf einen Agenten zu warten, von dem man weiß, daß er in der holländischen Gesandtschaft und im Comptoir d'Escompte vorstellig werden muß ...

Das Ende einer Spionin

Mata Hari geht ihrem Verderben entgegen. In Spanien ist sie in relativer Sicherheit. Aber diese halsstarrige Person hat nichts Eiligeres zu tun, als nach Frankreich zurückzukehren, denn sie liebäugelt immer noch mit ihrer Million und will den untreuen Maslow wiedersehen. Am 2. Januar verläßt sie Madrid, passiert ungehindert die Grenzkontrolle und erreicht Paris am 4. Januar. Wie immer steigt sie in einem erstklassigen Hotel ab. Diesmal hat sie das Plaza Athénée in der Avenue Montaigne gewählt. Sie brennt darauf, von Hauptmann Ladoux empfangen zu werden, um ihm zu zeigen, daß sie besser und schneller als die Berufsagenten arbeitet. Er hält sie zwei Tage hin. Sie erwartet etwas Großartiges von Frankreich. Hat sie nicht den Namen eines Chefs der deutschen Spionage geliefert sowie wertvolle Informationen über die subversive Arbeit in Marokko und genaue Angaben darüber, was die Deutschen über gegnerische Aktivitäten wissen? Wenn sie nicht wäre, woher wüßte man, daß der französische Code entschlüsselt worden ist und daß das deutsche Zentrum von Madrid das Flugzeug geortet hat, das französische Agenten hinter den Frontlinien absetzt? Ladoux bleibt eisig, er gibt ihr nichts, er sagt ihr kein freundliches Wort, er erteilt ihr nur einen Befehl: »Bleiben Sie acht Tage in Paris. Man wird eine Entscheidung treffen.«

Marthe Richard als Schützling von Ladoux log vielleicht hinsichtlich der Bedeutung ihrer Erfolge in Spanien, aber Ladoux hält es 1917 für ratsam, seine Agentin zu decken, so wie er es 1932 als nützlich erachtet, den Mythos Marthe Richard, der »Spionin im Dienste Frankreichs«, zu schaffen. Mata Hari hingegen scheint dem Untergang geweiht. Sie gehört nicht ernstlich zum Geheimdienst, die S.C.R. wird nichts für sie tun. Die heroische Phantastin entdeckt mit Staunen die Gleichgültigkeit und den Zynismus der Profis im Nachrichtendienst.

Sie hat geglaubt, richtig zu handeln, indem sie wichtige Ergebnisse ankündigte, dabei verschlimmert sie ihren Fall. Wird der unlautere Ladoux nicht vermuten, daß sie verkünde, der französische Code sei bekannt, nur um den Chiffrierdienst zu veranlassen, alles zu ändern? Mata Hari erwartete eine Sondervergütung. Da nichts kommt, befolgt sie die deutschen Instruktionen und telegrafiert am 8. Januar an Anna Lintjens, sie möge fünftausend Francs an das holländische Konsulat in Paris überweisen. Das Geld trifft am 15. Januar 1917 ein. Es ist das zweite Mal, daß die

Haushälterin fünftausend Francs an ihre Herrin schickt. Woher kommt das Geld? Mata Hari wird noch Rechenschaft ablegen müssen über diese Überweisungen aus Holland.

Sie kommt in ein vor Kälte zitterndes Paris, denn die Kohle ist knapp in diesem dritten, dem kältesten Kriegswinter. Die Einschränkungen machen sich allmählich bemerkbar, auch wenn Frankreich sehr viel weniger zu leiden hat als Deutschland, das ein Opfer der britischen Blockade ist. Die Zuckerration ist auf ein Pfund pro Monat für die Erwachsenen und siebenhundertfünfzig Gramm für die Kinder herabgesetzt worden. Die Zivilpersonen verpflichten sich aus Patriotismus zu vier fleischlosen Mittagsmahlzeiten pro Woche. Die Damenschneider haben versprochen, nicht mehr als viereinhalb Meter Wollstoff oder Seide für die Kleider ihrer Kundinnen zu verwenden. Diese relative Enthaltsamkeit hindert die Pariser nicht, sich zu vergnügen. Die Schlacht von Verdun, das längste Massaker aller Zeiten, geht soeben zu Ende, und die Franzosen gewinnen verlorenes Terrain zurück. Mangin hat Douaumont, Vaux und seit einigen Tagen Hardaumont, Bezonvaux und Vacherauville zurückerobert. Als Oberbefehlshaber vor Verdun hatte Pétain versichert: »Wir kriegen sie!« Und man hat sie gekriegt. Dieser ausschließlich französische Sieg bringt die Wende des Krieges. Paris feiert seine Helden, ohne an die entsetzliche Bilanz zu denken: 362 000 Tote und Verwundete auf französischer Seite, 336 000 auf der Seite des Feindes. Die aus der Hölle zurückgekehrten Soldaten sehen mit Befremden glückliche Zivilisten. Unter dem Vorwand, Pariser Frohsinn bewahren zu wollen, nehmen die Theater wieder anspruchslose Komödien, mit Entkleidungsszenen, in den Spielplan, während sich die leichten Mädchen ohne Unterschied den Helden wie den Drückebergern anbieten. Noch nie hat es so viele Prostituierte in Paris gegeben. Die Vielzahl der speziellen Anzeigen in »La Vie parisienne« vermittelt einen Eindruck davon:

»English manucure, erstklassiges Haus, Rue de Provence 65; komme ins Haus«.

»Janine, Friktionen, Rue de Douai 31, 2. Zwischengeschoß«.

»Miss Dolly-Love, Maniküre, Rue Caumartin 6«.

»Englisch bei erfahrener junger Dame, Rue la Fontaine 42«.

»Miss Ginett's, american manucure«.

»Mademoiselle Dinaud, russische Methode, Rue Saint Marc 5«.

Mata Hari nimmt ihre Gewohnheiten wieder auf und kümmert sich um ihr Gefühlsleben. Ihr Freund Cambon, der inzwischen Generalsekretär am Quai d'Orsay geworden ist, empfängt sie freundlich, aber Wadim Maslow versucht ihr auf Anraten seiner Botschaft begreiflich zu machen, daß er beabsichtigt, mit ihr zu brechen. Ihr Midinettentraum zerrinnt: Der russische Offizier hat sehr wohl Heiratspläne, aber mit einer anderen.

Ein Unglück kommt selten allein. Mata Hari spürt allmählich, daß sie in Gefahr ist. Die Franzosen denken nicht daran, sie zu belohnen, sondern man – der Nachrichtendienst, oder die Polizei, sie weiß es nicht – läßt sie überwachen. Im Plaza Athénée öffnet man ihre Post über Dampf; wenn sie telefoniert, lauscht man hinter der Kabine, wenn sie das Hotel betritt, löscht man das Licht und versteckt sich im Direktionsbüro, um sie zu beobachten.[39] Voller Angst spricht die Unglückliche in der Dienststelle des Polizeipräfekten vor, wo sie sehr höflich von einem hohen Beamten, Maunoury, empfangen wird, der ihr versichert: Die Polizei hat mit dieser Überwachung nichts zu tun. Dennoch träumt sie nicht, man beschattet sie wirklich. Wer also verfolgt sie? Am 15. Januar schreibt sie an Ladoux:

»Was wollen Sie von mir? Ich bin bereit, alles zu tun, was Sie wollen, ich frage Sie nicht nach Ihren Geheimnissen, ich will nicht Ihre Agenten kennenlernen. Ich bin eine internationale Frau. Machen Sie mir nicht meine Mittel streitig, verderben Sie nicht durch Geheimagenten meine Arbeit.«

Mata Hari bekommt Angst. Ihr goldener Traum verwandelt sich in einen Alptraum. Die Männer werden bösartig, sie hetzen eine alleinstehende schutzlose Frau. Wahrscheinlich bereut sie es, die Spionagekarriere gewählt zu haben, die ihr noch wenige Monate zuvor so angenehm und leicht erschien. Aber man spielt nicht mit den Geheimdiensten. Mata Hari ist im Räderwerk gefangen. Da sie nicht weiß, wie sie so anspruchsvolle Auftraggeber befriedigen soll, wird sie mit einer neuen Idee bei Maunoury vorstellig. Jetzt will sie in die Schweiz. Sie fleht ihn an, ihr einen Dienstauftrag zu geben. Maunoury bedeutet ihr, sie müsse auf Ladoux warten. »Und wann wird er zurückkommen?« Er ist für drei Wochen fort, sie muß sich gedulden. Mata Hari schlägt die Zeit tot. Jeden Tag kommt sie mit einer neuen Eroberung ins Plaza. Paris im Kriege hat keinen Mangel an bereitwilligen Herzen.

Am 13. Februar 1917 setzt die Militärjustiz diesem seit September 1916 währenden Katz-und-Maus-Spiel ein Ende. Auf Befehl des Gouverneurs von Paris erscheint Kommissar Priolet im Hotel Plaza mit einem Haftbefehl: »Frau Zelle, Marguerite, genannt Mata Hari, wohnhaft im Plaza Palace Hotel, protestantischer Religion, geboren am 7. August 1876 in Holland, 1,75 m groß, des Lesens und Schreibens kundig, wird der Spionage beschuldigt sowie der Zusammenarbeit mit dem Feind, um dessen Operationen zu begünstigen.«

DER PROZESS

1917 – ein düsteres Jahr

Jedes Jahr zu Weihnachten hatte man in allen kriegführenden Ländern das Ende der endlosen Heimsuchung erwartet.

Weihnachten war vorüber, der Krieg ging weiter. Das Wort »Frieden« ist in aller Munde, aber die Regierungen auf beiden Seiten verkünden, ihre gerechte Sache erfordere einen siegreichen Frieden. Die Mittelmächte haben im Dezember 1916 öffentlich Vorschläge gemacht, die die Alliierten abgelehnt haben, weil Berlin und Wien nur auf der Grundlage der Kriegskarte verhandeln würden. Mit den eroberten Gebieten als Pfand sind Deutschland und Österreich-Ungarn sehr an Verhandlungen interessiert. Die Entente führt also, verdrossen und halsstarrig, weiter Krieg und kämpft mit einem Gegner, der über eine ganze Reihe von Plänen zur Beendigung des Krieges verfügt. Während die Franzosen gewaltige Mittel für eine zum Scheitern verurteilte Offensive aufbringen, begeistert sich der kaiserliche Generalstab für subtilere Verfahren. Kann man die Entente besiegen, indem man mehr Schiffe versenkt, als sie bauen kann? Also muß man den totalen U-Boot-Krieg beschließen und die alliierten oder neutralen Schiffe zerstören, die Frankreich und England versorgen. Man kann auch durch Umsturz siegen. Die russische Front ist am Zerbrechen, denn der Zarenhof ist von einer prodeutschen Kamarilla bevölkert, und die Armee, des hoffnungslosen Kampfes überdrüssig, wird durch Fahnenflucht ausgehöhlt. An dieser Front sind das deutsche Geld und deutsche Agenten am Werk, sie stehen in Verbindung mit den Freunden Rasputins, der im Dezember 1916 von Verschwörern ermordet worden ist, und mit den Revolutionären, die sich wenig Sorgen machen um die Wahl der Mittel für den Sturz des verhaßten Systems. Aber da ist nicht nur Rußland. In Italien, in England und in Frankreich bemüht sich die deutsche Geheimdiplomatie, den Überdruß im Hinterland zu nutzen, die Oppositionen in den Kriegskabinetten zusammenzuschließen und die Partei des Friedens, des Friedens um jeden Preis, an die Macht zu bringen, um Verhandlungen zu den deutschen Bedingungen durchzusetzen.

Deutschland entscheidet sich nicht zwischen U-Boot-Krieg und Grabenkrieg. Es setzt auf beides und wartet auf den Zusammenbruch der Alliierten. Diese Doppeloffensive beunruhigt die führenden Kreise der Entente, sie erschreckt eine Öffentlichkeit, der man das Recht auf Information abspricht und die sich das Schlimmste vorstellt. Da die Zeitungen nicht die wirklichen Zahlen der Verluste zu Lande und zur See veröffentlichen, erzählt man sich entsetzliche Geschichten über die von menschenfressenden Generälen befohlenen Metzeleien. Das 1916 mit dem Prix Goncourt ausgezeichnete Buch »Das Feuer« von Barbusse schildert die Trostlosigkeit in einem finster brütenden Frankreich, das durch den offiziell verordneten Optimismus demoralisiert ist. Die Propaganda ist so ungeschickt, daß sie den Feind aufwertet. Die Naiven und die Ängstlichen sehen überall die Hand Deutschlands, in den Niederlagen unserer Truppen, die nur mit Verrat zu erklären sind, in den Meutereien, die im Frühjahr an der Front ausbrechen, in den Friedensvorschlägen, ganz gleich, ob sie vom Papst oder von den Sozialisten unterbreitet werden, in der russischen Revolution und sogar in den Demonstrationen der Pariser Arbeiterinnen.

In Ermangelung von Besserem füttern die Regierungen die Öffentlichkeit mit Verrats- und Spionageaffären. Die Polizei wacht, die Justiz rechnet ab. Mit solchen Slogans hofft man, die Unzufriedenheit zu beschwichtigen und einen Haß zu kanalisieren, der sich leicht, wie in Rußland, gegen die Herrschenden richten könnte. In diesem Klima ist es fatal, wenn man der Zusammenarbeit mit dem Feind beschuldigt wird.

Mata Hari im Gefängnis

Am 13. Februar 1917 wird Mata Hari von Priolet, Polizeikommissar im Dienste der Spionageabwehr der Festung Paris, verhaftet. Sein Sekretär und zwei Inspektoren begleiten ihn. Mata Hari leistet keinen Widerstand. Am selben Tag wird sie ein erstes Mal im Justizpalast verhört, wo ein Untersuchungsrichter, Hauptmann Bouchardon, der mit der Ermittlung ihrer Angelegenheit betraut wurde, auf sie wartet.

Nach diesem kurzen Kontakt zwischen der ratlosen Frau und dem gewitzten Untersuchungsrichter wird die ehemalige Tänzerin nach Saint Lazare, dem Frauengefängnis, gebracht, wo man zusammen mit Prostituierten und Straftäterinnen auch hochrangige Angeklagte inhaftiert. 1914 saß hier Henriette Caillaux, verurteilt wegen des Mordes am Direktor des »Figaro«, Gaston Calmette. In diesem Gefängnis, wo sie ohne ihr Zutun Aufsehen erregt, findet Mata Hari ihre wahre Identität wieder. Sie ist nur noch die Frau Margaretha Zelle. Die Gefangenen und die Schwestern vom Orden Marie Joseph de Doret, die die Aufsicht über die Häftlinge haben, mustern sie neugierig. Das ist also die berühmte Mata Hari. Sie ist nicht schön. Bouchardon, der ein betörendes Weib verhören wollte, war ebenfalls enttäuscht. Das wollüstige Geschöpf, deren Liebhaber nicht mehr zu zählen sind, ist ausgesprochen häßlich:

»Ich erblickte eine große Frau mit wulstigen Lippen und kupferfarbenem Teint, mit falschen Perlen an den Ohren, vom Typus einer Wilden, ihre Augen waren riesengroß und rund, das Weiße war gelb und mit roten Äderchen durchzogen, die Nase platt, der Mund breit, fast bis zu den Ohren, die Lippen waren Negerwülste, die Zähne gewaltig, mit einer Lücke zwischen den Schneidezähnen, das Haar war schon grau an den Schläfen, wo das Färbemittel nicht lange hielt. Im fahlen Tageslicht aus dem Hof des Dépôt hatte sie kaum Ähnlichkeit mit der Tänzerin, die so viele Männer behext hatte. Dennoch hatte sie sich Harmonie in den Körperlinien, eine gewisse Schlankheit und ein Wiegen der Hüften bewahrt, das nicht ohne Anmut war. Katzenhaft, geschmeidig, durchtrieben, ohne Skrupel, ohne Mitleid – sie war die geborene Spionin.«[40]

Die Kaltblütigkeit der Gefangenen verblüfft schließlich den Richter. Nach einem kurzen Moment der Mutlosigkeit hat sich die Tänzerin und Spionin wieder gefaßt und hält mit einer unheimlichen Gelassenheit stand. Bouchardon spürt bald, daß er Mühe haben wird, sie zu überführen. Gegen Mata Hari liegen Vermutungen vor, doch die Militärjustiz besitzt keinen einzigen Beweis, denn das Deuxième Bureau hat die belastenden Funksprüche nicht übergeben, die hält Ladoux unter Verschluß. Eine sonderbare Situation: Der Untersuchungsrichter blättert in einer fast leeren Akte und muß, um ein Geständnis zu entlocken, so tun, als wisse er alles, und die Angeklagte, die sehr wohl weiß, daß sie schuldig ist, hat keine andere Möglichkeit, als ihre Unschuld zu beteuern.

In dem alten Gefängnis des Faubourg Saint Denis wird Mata Hari Tag und Nacht bewacht. Die wachhabenden Schwestern können sie durch das Guckloch in der Zellentür ständig beobachten, sie fassen bald Zuneigung zu ihr. Die Gefangene Zelle hält sich gut, sie ist bescheiden, sauber und diszipliniert. Eine ideale Gefangene. Was ist von der skandalträchtigen Mata Hari geblieben? Als der Gefängnisarzt Dr. Bizard sie besucht, fragt er sie vorschriftsmäßig, ob sie einen Wunsch habe. Mata Hari lächelt: »Ich hätte gern ein Telefon und ein Badezimmer. Seit meiner Verhaftung konnte ich mich nicht mehr richtig waschen.« Die Geschichte mit dem von der Spionin gewünschten Badezimmer macht die Runde in Paris. Es werden sich Chronisten finden, die behaupten, die »rote Tänzerin« bade jeden Tag in Milch, während es für die Kinder keine Milch gebe!

Am 15. Februar wird sie in die Zelle Nummer 12 verlegt, in der vor ihr schon berühmte Gefangene gesessen haben. Mata Hari fragt die Schwestern, was aus diesen Gefangenen geworden ist. »Da war Madame Caillaux. Sie ist freigesprochen worden.« Aber man sagt ihr nicht, daß die Zelle 12 kurz zuvor Marguerite Francillard beherbergte, die der Spionage angeklagt und erschossen worden war. Mata Hari ist nicht allein. Die Gefängnisverwaltung hat zwei Gefangene bei ihr einquartiert, die vertrauliche Mitteilungen oder ein Geständnis erhaschen sollen. Dafür trennt man sie beim Spaziergang von der Herde der Diebinnen und Prostituierten, die sie mit Vergnügen lynchen würden. In deren Augen ist sie »la bochesse«, das Deutschweib, und als die Deutschen Bomben auf Paris werfen, flüstert so manch eine ihr zu: »Deine Freunde kommen, aber sie werden dich nicht befreien.« Da sie keine gewöhnliche Gefangene ist und auch, weil sie noch Geld hat, genießt sie eine Sonderregelung mit eigener Verpflegung. Sie braucht nicht in der Werkstatt zu arbeiten, wo die Frauen Fahnen für die Alliierten nähen, sie kann das Essen von Saint Lazare aufbessern, wenn sie dafür bezahlt. Der Aufenthalt im Gefängnis ist nicht umsonst; er kostet sechs Francs pro Monat im Sommer, sieben Francs und fünfzig im Winter, denn die Verwaltung zieht auch Heizungskosten ein. Mata Hari akzeptiert alles ohne Widerrede. Diese Ergebenheit bringt ihr die Achtung der Oberaufseherin ein, der gestrengen Schwester Léonide, die sich bemüht, ihre Haftbedingungen zu mildern. Sie bewirkt, daß der Gefängnisdirektor Estachy der Gefangenen Zelle eine außerordentliche Begünstigung gewährt: Man händigt ihr ihre Haarbürsten aus, und Mata Hari kämmt sich morgens und abends, wie in den Zeiten, als sie frei war.

Die Ermittlungen

Im Gefängnis bekommt sie weder Besuch noch Post. Niemand will sich erinnern, daß er einst Mata Hari gekannt hat. Die Welt läßt sie fallen, und ihr russischer Hauptmann hütet sich, nach ihr zu fragen. Er hat sich mit einer jungen Französin, Olga Tardieu, verlobt und schickt sich an, nach Rußland zurückzukehren. Mata Hari ist allein. Sie muß all ihre Kraft und ihren Verstand zusammennehmen, um Bouchardon standzuhalten. Der Untersuchungsrichter ist ein eigenwilliger Mensch. Während des Verhörs läuft er hin und her, trommelt auf Fensterscheiben und Tischplatten oder kaut an den Fingernägeln. Dieses Treiben macht sein Opfer nervös. Ihr Duell dauert vier Monate. Vom 13. Februar bis zum 21. Juni wird sie vierzehnmal vernommen. Ist sie also eine so wichtige Beute? Man könnte auch annehmen, daß Bouchardon auf der Stelle tritt. Und wirklich kommen die Ermittlungen nicht voran, denn Mata Hari zeigt sich nicht kooperativ, und Ladoux, der alles weiß, kommt der Militärjustiz nicht zu Hilfe. Jedesmal, wenn die Angeklagte in sein Büro am Quai de l'Horloge gebracht wird, erwartet Bouchardon ein Geständnis, aber Mata Hari kippt nicht um. Also beginnt er von neuem, studiert die Protokolle der ersten Vernehmungen, weist auf Widersprüche hin, ohne damit die Angeklagte aus der Fassung zu bringen, die zuckt nur mit den Schultern: »Ich hatte noch nie ein gutes Gedächtnis.«

Mata Hari hat einen Anwalt gefunden, Maître Clunet, einen Bewunderer aus glücklicheren Tagen. Dieser Spezialist für internationales Recht fühlt sich unbehaglich in dieser Affäre, denn er ist es nicht gewöhnt, in einem Prozeß zu verteidigen, und er ist durch das Militärgesetzbuch eingeengt, das ihm nur die Teilnahme am ersten und am letzten Verhör gestattet. Der alte Mann ist keine rechte Stütze für die ehemalige Tänzerin, aber Mata Hari hat wieder Mut gefaßt, denn sie begreift, daß Bouchardon keine Beweise hat. In Ermangelung von Besserem geht er mit ihr die Visitenkarten durch, die sie aufbewahrt hat. Für sie sind es Erinnerungen, für ihn sind es Kontakte mit Offizieren. Die Militärs, die kurz in Mata Haris Leben aufgetaucht sind, bekommen keine Schwierigkeiten mit der Justiz. Bouchardon kann eine so dürftige Akte nicht vorlegen. Also stöbert er in den Stücken, die bei den Durchsuchungen im Plaza Athénée und in der Villa in der Rue Windsor zusammengetragen wurden. Darunter befindet sich auch ein Röhrchen mit Quecksilbersalz. »Das haben Sie als Geheimtinte benutzt, gestehen Sie es!« Mata Hari ist um eine Erklärung nicht verlegen. »Als ich in Spanien war, hat mir ein Arzt dieses Mittel gegeben. Ich benutze es nach dem Beischlaf.«

Bouchardon ist an einem Punkt angelangt, wo er sich fragt, ob man das Verfahren nicht einstellen soll. Am 23. April 1917 schließlich kommt ihm das Deuxième Bureau zu Hilfe. An dem Tag triumphiert er: »Sie sind Agentin H 21, ich habe den Beweis!« Er liest ihr den Wortlaut der Funksprüche vor, die durch einen Deutschlehrer an der Offiziersschule von Saumur entschlüsselt worden sind. Er spricht von Kalle, von Cramer, von dem Geld aus Holland, überwiesen vor ihrer Abreise nach Spanien und nach ihrer Rückkehr. Was hat sie darauf zu erwidern? Sie leugnet, so gut es geht. Kalle sei verliebt in sie gewesen, die dreitausendfünfhundert Pesetas seien die Bezahlung für eine Liebesnacht gewesen, auch Cramer habe ihr nachgestellt, und die an das Konsulat der Niederlande überwiesenen zehntausend Francs seien ihr von ihrer Haushälterin geschickt worden, die sie von ihren Ersparnissen abgehoben habe. Doch die Lügnerin sitzt jetzt in der Falle. Berlin und Madrid interessieren sich weiterhin für H 21, und Paris fängt die Unterhaltung auf und übersetzt sie. Bouchardon zeigt einen Funkspruch vom 6. März. »Bitten um Information, ob H 21 die Nachricht erhalten hat, daß sie für ihre Mitteilungen die Geheimtinte benutzen soll, die ihr übergeben worden ist, und ob man ihr gesagt hat, daß diese nur in Paris entwickelt werden kann.« Alles läuft so, als habe es die deutsche Diplomatie darauf abgesehen, das Maß voll zu machen. Dieses Mal ist es zuviel. Mata Hari redet. Am 21. Mai beginnt sie zu gestehen.

»Ich habe beschlossen, Ihnen die Wahrheit zu sagen. Im Mai 1916 hat mich der deutsche Konsul in Amsterdam, Cramer, besucht. Er sagte zu mir: ›Ich weiß, daß Sie nach Frankreich fahren. Wollen Sie uns behilflich sein? Es handelt sich um Nachrichten jeglicher Art. Wenn Sie das für uns tun wollen, bekommen Sie zwanzigtausend Francs.‹ Ich warf ein, das sei nicht sehr viel. Er versprach mir, ich bekäme mehr, wenn ich brauchbare Informationen lieferte.«

Am 23. Mai belastet sie sich noch mehr, indem sie ihre Übereinkunft mit Cramer auf den Februar 1915, vor ihrer ersten Reise nach Paris, datiert. Mata Hari irrt sich, da sie ihr Tagebuch nicht zur Hand hat, und Bouchardon läßt vom Gerichtsschreiber alles notieren, was den Fall Mata Hari verschlimmert. An jenem Tag gibt sie zu, daß Cramer ihr Geheimtinte ausgehändigt hat, und das Ganze wirkt wie eine Spionagegeschichte für Kinder:

»Cramer sagte zu mir: ›Es gibt Tinte, die niemand lesen kann.‹ Er hat mir numerierte Fläschchen gegeben. Die Fläschchen eins und drei enthielten eine weiße Flüssigkeit, das Fläschchen zwei eine grünlichblaue, etwa smaragdfarbene Flüssigkeit. Mit Nummer eins hat er das Papier angefeuchtet, mit Nummer zwei hat er geschrieben, mit Nummer drei hat er den Text gelöscht. ›So müssen Sie das machen. Auf das vorbereitete Blatt schreiben Sie einen belanglosen Brief mit normaler Tinte. Sie schicken Ihre Korrespondenz, an mich adressiert, in das Hôtel de l'Europe in Amsterdam.‹«

»Und was haben Sie getan?«

»Ich habe die zwanzigtausend Francs eingesteckt und die drei Fläschchen in den Kanal zwischen Amsterdam und dem Meer gekippt.«

Zu halben Geständnissen gezwungen, versucht Mata Hari, deren Bedeutung herunterzuspielen. Nein, sie ist keine Spionin, sondern eine attraktive Frau, von Diplomaten und Militärs umgeben, die ein Spiel spielen, von dem sie nichts versteht. Als Bouchardon auf die Pesetas zurückkommt, die ihr der Militärattaché in Madrid gegeben hat, antwortet Mata Hari: »Es stimmt, daß er mir dreitausendfünfhundert Pesetas gegeben hat, aber er war in seinem Kabinett sehr intim mit mir. Er wollte mir einen Ring schenken, doch ich mag solchen Schmuck nicht. Also nehme ich an, daß die dreitausendfünfhundert Pesetas ein Ersatzgeschenk waren.«

So verfährt sie jedes Mal, wenn von Geld die Rede ist. Was die Überweisungen aus Holland betrifft, spricht sie nicht mehr von Anna Lintjens, sondern vom Baron van der Capellen, ihrem regulären Gönner. Doch jetzt hat Bouchardon sie in der Falle. Er macht ihr die Hölle heiß:

»Sie haben Ladoux nicht gesagt, daß Sie schon angeworben worden waren, aber Sie haben von Kalle gesagt, Sie hätten zum Schein eingewilligt, für Ladoux zu arbeiten. In wessen Dienst stehen Sie denn nun?« Mata Hari hat die Wahl zwischen zwei Rollen. Entweder sie ist ein armes Weib, das sich in diesen Männeraffären verfangen hat, oder sie ist die große Spionin. Sie zögert. Soll sie um ihr Leben oder für ihre Legende kämpfen? Solange sie eine Chance hat, davonzukommen, versucht sie mit allen Mitteln, ihre Schuld zu bagatellisieren. Bouchardon fragt sie nach von Kalle aus. Wenn Sie nicht Agent H 21 ist, wie erklärt sie dann, daß Berlin nicht protestiert hat, als der Militärattaché eine Bestätigung forderte? Sie antwortet an der Frage vorbei:

»Ich habe von Kalle wertlose Informationen gegeben, nur damit Deutschland mich ungehindert über die Grenze gehen läßt. Ich wollte nach Hause.« Und Cramer? »Er hat mich ausgefragt, weil ich aus Frankreich kam. Ich habe ihm belangloses Zeug erzählt.«

Mata Hari kämpft um ihr Leben. Die Militärjustiz ist unerbittlich gegenüber Spionen, und man erschießt Frauen ebenso wie Männer. Sie dürfte schon ahnen, welches Schicksal sie erwartet, denn sie ist in der Spezialabteilung von Saint Lazare untergebracht, die für schwere Fälle bestimmt ist. In seinen Erinnerungen berichtet Dr. Bizard von dieser Spezialabteilung:

»Die Spioninnen waren in der Ménagerie einquartiert, einer Flucht von vergitterten kleinen Zellen, die, immerhin belüftet und erträglich, leichter zu überwachen waren. Von den Spioninnen wurden sechs zum Tode verurteilt und vier wurden erschossen, die letzte noch nach dem Waffenstillstand. Während des Krieges wurde nur die Verurteilte Ducimetière, trotz ihres Namens, ›Vomfriedhof‹, und aufgrund ihres jugendlichen Alters – sie war erst zwanzig Jahre alt – begnadigt. Marguerite Francillard, die Frauen Tichelly, Dufays, Aubert und Mata Hari bezahlten für ihr Vergehen mit dem Tod auf dem Schießplatz von Vincennes.«[41]

Marguerite Francillard hat die Gemüter bewegt. Sie war eine mittelgroße schlanke, wohlgebaute Frau mit blassem Teint und einer wunderbaren rötlich schimmernden Haarpracht, die sie zu zwei langen, bis unter die Kniekehlen fallenden Zöpfen geflochten hatte. Marguerite Francillard war sehr beherrscht, sanft und verschwiegen und von einer glühenden Frömmigkeit.[42]

Am 9. Januar 1917 hat Dr. Bizard eine schauerliche Mission zu erfüllen. Marguerite Francillard soll am folgenden Tag erschossen werden. Die Exekution ist um einen Tag verschoben worden, denn sonntags wird nicht erschossen. Als Dr. Bizard der Verurteilten ihr Los mitteilt, wiederholt sie die Worte, die alle gefangenen und zum Tode verurteilten Frauen sagen: »Das ist nicht möglich.« Sie kann nicht glauben, daß für die Justiz der Männer die Gefälligkeit, die sie ihrem deutschen Liebsten erwies, nämlich Pakete von Frankreich aus in die Schweiz weiterzuleiten, ein Verbrechen ist, das mit dem Tode bestraft wird. Schließlich fügt sie sich. Sie hört die Messe in der Kapelle und singt mit den Nonnen. Sie weigert sich, sich zur Exekution die Augen verbinden zu lassen, und stirbt mit dem absurden Schrei auf den Lippen: »Ich bitte Gott und Frankreich um Vergebung. Es lebe Frankreich!«

Nach ihr, der ersten in Paris erschossenen Spionin, häufen sich die Fälle. Am 15. März 1917 erschießt man die Spionin Dufays, die sich in den Rüstungsfabriken anwerben ließ. Sie stirbt ohne eine Wort.[43] Das ganze düstere Jahr hindurch reißt die Kette zum Tode verurteilter Spione und Spioninnen nicht ab. Am 19. März 1917 stirbt so der Italiener Moni, am 18. April der Rumäne Libermann, am 13. Juli der Hauptmann Estève, der für fünfhundert Francs im Monat Verrat beging, am 24. Juli die Soldaten Sideney und Bolmey, am 26. Juli der Spanier Ascensio, am 2. August der Holländer Hoegnagel, am 19. November der russische Leutnant Mathias Miches, am 29. November der Rumäne Wexsler. Die Frauen werden nicht verschont. Nach Mata Haris Erschießung verurteilt man in Nantes zwei lyrische Künstlerinnen, Augustine Josèphe und Victoire F., die am 6. Mai 1918 erschossen werden. In Marseille zeigt sich ein Kriegsgericht ebenso unerbittlich mit der Schweizerin Regina Diano, einer jungen Frau von zweiunddreißig Jahren, die am 20. September zum Tode verurteilt wird, weil sie »versucht hat, die Sicherheit des Hafens von Marseille zu beeinträchtigen«. Im März 1918 verurteilt man die Schauspielerin Suzy Depsy, eine Spionin. Nach Mitteilung der Presse trug sie immer eine Generalstabskarte bei sich und ließ sich von den Offizieren, die sie in ihrem Alkoven empfing, die Punkte zeigen, die für die deutschen Bombardements interessant sein könnten. Zum Tode verurteilt, erschossen. Die Justiz kennt nur einen Tarif.

Mata Hari muß also sehen, was zu retten ist, bevor die Ermittlungen abgeschlossen sind. Von den Richtern des Dritten Kriegsgerichts von Paris ist keinerlei Nachsicht zu erwarten. Also entschließt sie sich, Bouchardon das »große Geheimnis« preiszugeben, das sie Ladoux für eine Million verkaufen wollte:

»Ich war die Geliebte des Herzogs von Cumberland. Er hat die Tochter Wilhelms II. geheiratet, und er hatte mit mir eine Zeitlang ein intimes Verhältnis. Ich weiß, daß sein Schwager ihn schwören ließ, niemals Anspruch auf den Thron von Hannover zu erheben. Diesen Schwur wollte er jedoch nur für sich selbst leisten und weigerte sich, seine Nachkommen einzubeziehen. Zwischen ihm und dem Kronprinzen herrscht wilder Haß. Diesen Haß wollte ich im Interesse Frankreichs ausnutzen. Stellen Sie sich vor, welche Dienste ich Frankreich hätte leisten können: Ich hätte das Verhältnis mit dem Herzog von Cumberland wieder aufgenommen. Ich hätte alles getan, um ihn von Deutschland zu lösen. Es hätte genügt, ihm den Thron von Hannover zu versprechen für den Fall des Sieges der Alliierten. Ich muß hinzufügen, daß ich, als ich nach Frankreich kam, nicht im geringsten daran gedacht habe, Spionage zu betreiben, für wen auch immer. Erst im Kabinett von Hauptmann Ladoux und bei dem Gedanken an meine Heiratspläne hatte ich diese große und gewaltige Vision. Ich habe mein Leben lang spontane Entschlüsse gefaßt. Ich habe nie ängstliche kleine Schritte gemacht. Ich sehe große Ziele und gehe ohne Umschweife darauf zu.«[44]

Mata Hari hat ihr Verteidigungssystem völlig umgestoßen. Sie widerruft all ihre Aussagen und will als eine Heldin erscheinen, die Frankreich hätte retten können, wenn man sie nur hätte gewähren lassen. Enthalten ihre Offenbarungen einen Teil Wahrheit, oder erzählt sie wieder mal eine schöne Geschichte? Die Sache mit der Thronfolge von Hannover ist reichlich verworren. Man muß wissen, daß der englische Titel eines Herzogs von Cumberland Eigentum der Könige von Hannover ist. Als Hannover 1866 von Preußen annektiert wurde, blieb der Titel in der Familie. Der König Georg V. hatte ihn seinem Enkel Ernst August vererbt. Dieser Ernst August hatte 1884 die Prinzessin Thyra von Dänemark geheiratet und wurde durch sie Erbe des Herzogtums von Braunschweig-Lüneburg. Das Erbe wird von Preußen angefochten, und das Problem Braunschweig ist noch zu Beginn des Jahrhunderts ein Zankapfel zwischen der Familie der Könige von Hannover und den Hohenzollern. Um diesen alten Streit beizulegen, hatte der Kaiser seine Tochter Victoria mit Ernst August, dem Sohn des gleichnamigen Vorgängers, verheiratet. Dieser Ernst August, Schwiegersohn von Wilhelm II. und Herzog von Cumberland ist im Jahre 1887 geboren und war zu der Zeit, als er Mata Haris Liebhaber gewesen sein soll, zwanzig Jahre alt und frisch verheiratet. Glaubt die furchtlose Tänzerin im Ernst, sie könnte durch eine Hofintrige das Schicksal des Krieges beeinflussen? Tatsache ist, daß das »große Geheimnis« den Hauptmann Bouchardon nicht im geringsten interessiert.

Der Untersuchungsrichter will vielmehr wissen, warum sie im September 1916 Ladoux nicht gesagt hat, daß die Deutschen sie angeworben haben. Hat sie es gesagt, hat sie es nicht gesagt? 1917 behauptet Ladoux, daß Mata Hari ihre Zugehörigkeit zum deutschen Geheimdienst verschwiegen hat, aber 1932, als er seinen »Spionjäger« veröffentlicht, bringt er eine andere Version und behauptet, Mata Hari habe ihm anvertraut, daß sie mit Cramer in Verbindung stünde. Der Unterschied zwischen einer schuldigen und einer unschuldigen Doppelagentin, die man ermutigt hat, zwei Herren zu dienen, ist eine Ermessensfrage. Alles hängt vom guten Willen der S.C.R. ab. Nur Ladoux konnte Mata Hari retten. Er hütet sich, es zu tun.

Im Stich gelassen, empört sie sich: »Ich habe von Kalle nur wertlose Informationen geliefert, Ihrem Land jedoch brandaktuelle und noch nicht bekannte. Zumindest waren sie das, als ich sie an Oberst Denvignes weitergab. Er hat dafür die Ehre, ich die Gefängnishaft.« Bouchardon ist zufrieden: Die Ermittlungen sind abgeschlossen, und die Akte Mata Hari steht den Richtern zur Verfügung.

»Dieses unpatriotische Pack, das unser Frankreich in Gefahr gebracht hat«

Am 22. Juli 1917 betritt Georges Clemenceau die Rednertribüne des Senats, um in einer aufsehenerregenden Rede die Nachsicht des Innenministers Malvy anzuprangern, der nach Ansicht des Tigers ein Beschützer aller antipatriotischen Kräfte ist. Seit mehreren Wochen steht der alte Kämpfer in einer Kampagne gegen die Regierenden, denen er vorwirft, den Krieg zu lasch zu führen: »Wir befinden uns im Kriege; aber es handelt sich nicht um einen der alten Kriege, nicht einmal um modernen Krieg. Die ganze Welt ist beteiligt. Die Neutralen spionieren und verraten. Die Kämpfenden lassen sich auf unerhörte, nie dagewesene Weise töten. In der Nähe von Verdun gibt es einen riesigen Granatentrichter, ungefähr so groß wie die Hälfte dieses Saales, darin sind zwei Männer begraben, der eine in den anderen verkrallt, der Franzose mit den Zähnen in den Boche verbissen: sie sind dort in ihrem Loch wie das Symbol dieses Krieges. Hinter ihnen liegt die zivilisierte Welt. Das Leben der ganzen Welt steht auf dem Spiel. Alles, was der Mensch gewollt hat, alles, was er erhofft hat, alles, was er zu erreichen versucht hat, wird ihm entrissen werden. Das ist das größte Ereignis im Leben der Welt. Wir erleben die Freuden und die Qualen mit. Als der Krieg begann, weckte eine Bewegung des Idealismus in mir die Hoffnung, daß ganz Frankreich sich vielleicht sehr bald, zusammen mit England, auf Deutschland stürzen und einen unsterblichen Sieg davontragen würde. Das war uns nicht gegeben. Die Deutschen waren zu gut vorbereitet und wir waren es nicht genug. Eine Aufbietung aller Mittel ohne die Ehre, die Ehre, die ganze Ehre, ohne eine ausreichende Organisation der Mittel, so sieht die Wahrheit aus! Alle Völker sind gekommen, und auch Amerika kommt, zwar spät, aber es kommt. Ganze Völker fallen jetzt übereinander her, um die Barbarei zu beenden, um die Grausamkeit zu beenden!«[45]

Der Senat applaudiert. Clemenceau hat sein Publikum gepackt. Der Tiger ist ein alter Mann von sechsundsiebzig Jahren. Seine Haut ist gelb, der Schnauzbart dicht und nach unten gebogen, seine Hände stecken in grauen Handschuhen, die ein Ekzem verdecken sollen, er ist dicker geworden, er wird taub, doch er hat nichts von seiner legendären Kampfkraft verloren. Nach den einleitenden Worten über den totalen Krieg geht er zum Blitzangriff über. Er beschuldigt Malvy, er habe es abgelehnt, die in Akte B geführten Verdächtigen zu verhaften, er habe, von gleich zu gleich mit dem Anarchisten Almereyda, dem Direktor einer scharf überwachten Tageszeitung, »Bonnet rouge«, verhandelt, er habe »Schmutzblätter« protegiert, er habe im Frühjahr revolutionäre Streiks geduldet, die zweifellos von Deutschland gelenkt waren, er habe zugelassen, daß pazifistische Broschüren verbreitet wurden, in denen die Soldaten zur Revolte aufgehetzt werden, kurz, er habe sich den Ausländern gegenüber stets zu gutmütig gezeigt. Der Senat applaudiert heftig. Der Oppositionspolitiker Clemenceau ist an jenem Tage der Macht näher gekommen.

Das ist der rechte Zeitpunkt, für alle gegenwärtigen Angelegenheiten Härte zu fordern. Als nach dem beklagenswerten Scheitern der Nivelle-Offensive Regimenter meuterten, schrieben die Generäle diese spontane Revolte der gezielten Aktivität von Aufwieglern zu, die durch deutsche Agenten manipuliert waren. Nach den Meutereien folgten die Streiks. Die Unruhen haben im Juni begonnen und dauern an. In Paris hat alles mit Aufmärschen der Näherinnen angefangen, die eine Lohnerhöhung von zwanzig

Sous und die Heimkehr ihrer Männer forderten. Für die Leute auf den Straßen war das ein Spaß, aber die Leute an der Macht sind beunruhigt, denn in allen Frauenberufen verschafft sich der Protest öffentlich Luft. Der Streik greift um sich, erfaßt die Granatendreherinnen, die Uniformnäherinnen, die Arbeiterinnen von Kodak, die Federnarbeiterinnen, die kleinen Hände der großen Couturiers, die ihre Ausbeuter anprangern. Das Hinterland murrt, die Front wäre beinahe zusammengebrochen. In diesem Klima wird am 24. Juli der Prozeß gegen Margaretha Zelle, verehelichte Mac Leod, genannt Mata Hari, eröffnet.

Ein Prozeß unter Ausschluß der Öffentlichkeit

Seit Eröffnung der Verhandlung ist Mata Hari in der Conciergerie einquartiert. Unter dem Dach des Palastes müssen sich Justiz, Polizei und Gefangene die unzureichenden Räumlichkeiten teilen. In der Conciergerie, dem berühmten Gefängnis, in dem Marie-Antoinette und Robespierre ihre letzten Tage verbracht haben, hält man die Angeklagten in Gewahrsam, die vor das Kriegsgericht von Paris gestellt werden. Angelockt von dem bekannten Namen Mata Hari, lungert eine elegante Menschenmenge vor dem Palais und hofft auf Eintrittskarten für den letzten Auftritt der Spionin und Tänzerin. Mata Hari trägt ein blaues Kleid mit einem tiefen Dekolleté und einen dreieckigen Hut. Das Militärtribunal hat bei der Zivilgerichtsbarkeit einen Verhandlungssaal gemietet. Den Vorsitz führt Oberstleutnant Albert Ernest Somprou von der Garde républicaine. Die sechs Richter gehören verschiedenen Waffengattungen an. Es sind der Artilleriefeldwebel Berthomé, der Gendarmeriehauptmann Jean Chatin, der Unteroffizier de Mercier de Malaval, der Hauptmann des Trains Lionel du Cayla, der Bataillonskommandeur des 230. I.R. Fernand Joubet, der Oberleutnant Henri Deguerseau, vom 237. I.R.

Die Anklage war dem Oberleutnant Mornet, einem dienstverpflichteten Justizbeamten, übertragen worden, der sich durch den Prozeß gegen Mata Hari einen Namen macht. Mit seinem langen Haar, dem buschigen Bart, den heftigen Bewegungen, mit denen er sein Käppi schwenkt, wenn er sich erregt, mit seiner lauten, bebenden Stimme, mit dem Tremolo eines französischen Schauspielers ist er eine furchteinflößende Persönlichkeit. Im Jahr darauf findet man ihn wieder, immer noch im Dienst der Militärjustiz, im Bolo-Prozeß und im Prozeß gegen die Zeitung »Bonnet rouge«. Das ist erst der Anfang einer langen Karriere. 1945 klagt derselbe Mornet gegen Philippe Pétain und Pierre Laval.

Maître Clunet, ein zusammengefallener alter Mann von 74 Jahren, gibt neben Mata Hari eine blasse Figur ab. Man tuschelt, er sei der Liebhaber seiner Klientin gewesen. An diesem Tag war der Gerichtssaal für die Öffentlichkeit zugänglich, und sie konnte der Befragung zur Identität, dem Verlesen der Tagesordnung des Prozesses und der Einberufung des Gerichts beiwohnen. Dieses Zeremoniell dauert eine Stunde. Die Menge wartet auf die Fortsetzung. Vergeblich. Mornet beantragt, daß die Verhandlung hinter verschlossenen Türen fortgesetzt werde, da die zu verhandelnden Angelegenheiten nicht für die Öffentlichkeit bestimmt seien. Nach Beratung verfügt das Gericht strikte Geheimhaltung. Der Saal wird geräumt, in zehn Meter Entfernung von jeder Tür werden Wachen aufgestellt, um das Kriegsgericht vor der Indiskretion der Journalisten zu schützen. Außerdem darf die Presse nur eine kurze Mitteilung über die Eröffnung des Prozesses bringen: »Eine Spionin, die Tänzerin Mata Hari, mit richtigem Namen Margaretha Zelle, erschien gestern in Begleitung ihres Anwalts Maître Clunet vor dem Dritten Kriegsgericht. Sie wird der Zusammenarbeit mit dem Feind beschuldigt. Die Verhandlung dauert an.« Das ist alles. Bis zur Mitteilung über die Exekution der Spionin ist nichts mehr in den Zeitungen zu lesen.

Während der Prozeß gegen Mata Hari unter dem Schutz des »hinter verschlossenen Türen« abläuft, rührt Léon Daudet geschickt den Skandal um Marthe Richer ein. Der großsprecherische Spionjäger bekommt seine Informationen von den Korrespondenten seiner »Liga für Hilfe im Krieg«, die er 1915 zur Unterstützung der Justiz gegründet hatte. Eine korrekte Information falsch interpretierend, nimmt er sich am 31. Juli »die Spionin im Automobil« vor. Marthe Richer war am 7. Juli bei einem Autounfall verletzt worden, in ihrer Begleitung hatte sich der Korvettenkapitän Hans von Krohn befunden. Mehr braucht Daudet nicht, um seine Ermittlungen zu beginnen. Am 11. August bringt er einen Artikel mit dem Titel: »Von Krohn und Madame de Richer«.

»Was machte diese Madame de Richer in Begleitung von Monsieur von Krohn? Diese verwitwete Dame de Richer oder auch nur Richer – zumindest läßt sie sich so nennen – ist etwa sechsunddreißig Jahre alt, brünett, ziemlich groß, sie hat graue Augen und sehr harte Gesichtszüge. In einem ihrer Koffer hat sie wohl Männerkleidung. Sie traf Ende Juni 1917, aus Paris kommend, in Madrid ein, dort stieg sie im Hotel La Puerta del Sol ab. Der Deutsche von Krohn besucht sie täglich. Einige Tage später stößt Joseph Dawritschewy, der sich als russischer Flieger ausgibt, zu ihnen. Diese drei Personen ziehen sich oft stundenlang zurück. Die Französin und der Russe sind also ganz vertraut mit dem Kommandeur der deutschen U-Boot-Flotte an der spanischen Küste. Es lohnt sich, der Sache nachzugehen. Wenn Monsieur Leymarie diese Geschichte für belanglos hält, werde ich mich mit meinen eigenen Mitteln weiter darum kümmern. Der bemerkenswerte Nachrichtendienst, über den ich heute dank meinen zahlreichen Korrespondenten und Ermittlern verfüge, läßt mich hoffen, daß ich binnen kurzem ein ordentliches Ergebnis vorlegen kann.«[46]

Ein Ergebnis erzielt Léon Daudet in der Tat: Marthe Richers Mission in Spanien ist gefährdet. Die Spionin wird nach Frankreich zurückgerufen, gemeinsam mit ihrem französisch-russischen Komplizen, und Ladoux muß den Plan von einem Einbruch in Hans von Krohns Panzerschrank aufgeben. Außerdem ist der übermütige Hauptmann schon fast in Ungnade gefallen: Man hat ihn von der S.C.R., wo er thronte, zum S.R. versetzt, der in Kriegszeiten als weniger wichtig gilt. Ladoux' Schwierigkeiten haben damit erst begonnen. Bei den Ermittlungen in der Affäre um den Kauf des »Journal« durch die Deutschen im Jahre 1915, in die seine Freunde Lenoir und Desouches verwickelt sind, wird auch er verdächtigt und muß seinerseits 1918 vor dem Dritten Kriegsgericht erscheinen, unter der Anschuldigung kommerzieller Komplizenschaft mit dem Feind. Er kann sich, nicht ohne Mühe, reinwaschen, muß jedoch die Armee verlassen.

Bei dem Prozeß gegen Mata Hari, dessen Richter an einer schnellen Verurteilung interessiert sind, bleibt der ehemalige Chef der S.C.R. hinter den Kulissen. An seiner Statt tritt Oberst Denvignes auf, der sich nicht daran erinnert, Mata Hari umworben, geschweige denn, einen Bericht nach ihrem Diktat geschrieben zu haben. Er sagt nur, er habe die Abenteurerin, die um von Kalle herumflatterte, aus der Nähe sehen wollen. Maître Clunet bemüht sich um Zeugen, die vorzeiten mit Mata Hari sehr vertraut waren. Sie leiden an Gedächtnisschwund oder lassen sich krank melden, wie der ehemalige Kriegsminister Adolphe Messimy, der durch seine Frau ausrichten läßt, er leide an einer Rheumaattacke. Dieser Messimy ist ein Feigling. Im Prozeß ist von einem Liebesbrief die Rede, dessen Unterschrift unleserlich ist, aber mit einem »M« beginnt und einem »Y« endet, und so läßt er an seiner Stelle den armen Malvy beschuldigen, den Daudet den »Liebhaber der roten Spionin« nennt. Nur Jules Cambon, durch seine Autorität als hoher Diplomat geschützt, hat den Mut, zu Mata Haris Gunsten auszusagen.

Es finden sich also keine Zeugen, und der Prozeß läuft auf sein fatales Ende zu. Maître Clunet verteidigt sie voller Mitgefühl vor ungerührten Richtern und gleichgültigen Wachen. Mit hochgerecktem Spitzbart und flammendem Blick zeigt sein Gegner mit dem Finger auf »die verbrecherische Salome, die mit dem Kopf des französischen Soldaten spielt«. Mata Hari gibt sich alle Mühe, diesem Bild nicht zu gleichen. Sie gesteht, was sie nicht leugnen kann, doch ihre Kontakte mit den Deutschen waren, wenn man ihr Glauben schenken soll, reine Liebesbeziehungen. Wenn diese Herren ihre Liebesnächte aus dem Spionagebudget bezahlen, dann beweist das nur, daß sie geizig sind, aber nicht, daß sie eine Spionin ist. Man befragt sie zu ihren Beziehungen zu dieser großen Anzahl von Offizieren, die sie in ihr Bett gelassen hat. Sie erklärt das: Der Offizier ist für sie der Mann par excellence. Warum soll sie denen, die vielleicht bald in den Tod gehen, einen Moment des Glücks versagen? Man beschuldigt sie, Frankreich verraten zu haben, das ist absurd, sie ist doch Holländerin. »Ich bin eine internationale Frau.« Als man sie nach den Funksprüchen fragt, in denen von Agent H 21 die Rede ist, bemüht sie sich, die männliche Falschheit aufzuzeigen: Cramer schickt Geld an Kalle, weil sich die Männer untereinander verständigen, auf dem Rücken einer armen Frau.

Sie kann ihre Richter nicht überzeugen. In Kriegszeiten wird das Bild von der Frau verschönert oder verzerrt, je nach den Propagandaerfordernissen. Es gibt die wunderbaren Frauen, »Vestalinnen, die das Licht in ihrem Heim und das gewaltige Licht des Vaterlands hüten«; das sind die Bäuerinnen, die ihre Männer auf dem Bauernhof ersetzen, die Arbeiterinnen, die nicht streiken, die Witwen und Waisen, die ihren Kummer verschweigen. In einem damals gängigen Stück, »Die Amazone« von Henry Bataille, will ein junges Mädchen, das mit einem Soldaten verlobt war, der dann gefallen ist, eine neue Bindung eingehen und wird von der Mutter des toten Soldaten überzeugt, auf ein schändliches Glück zu verzichten. Gemeinsam werden die beiden Frauen ewige Trauer tragen.

Wenn sich die Frauen jedoch nicht zu diesen Gipfeln aufschwingen, richtet sich die männliche Feindseligkeit gegen das glückliche Geschlecht, das nicht in den Krieg ziehen muß. Dieses ambivalente Gefühl ist besonders unter den Frontsoldaten verbreitet; sie sind erbittert über den schwärmerischen Stil der Presse, die zu viel von den Opfern der Zivilbevölkerung schreibt, und oft sind sie erbost über das Wohlleben der Leute im Hinterland. »Ein Soldat, dessen Kamerad nach der Rückkehr von einem Heimaturlaub, bei dem er seine Frau in den Armen eines anderen gefunden, den Tod gesucht und auch gefunden hat, träumt davon, er habe den Auftrag bekommen, die Schuldigen zu bestrafen:

›Ich versichere dir, den Frauen würde die Lust vergehen, so etwas je wieder zu tun.‹« In den Briefen, die von den Postkontrolltrupps der Armee geöffnet werden, gibt es so viel Klage und Empörung über das liederliche Leben in Paris, über den lockeren Lebenswandel der Soldatenfrauen, über die skandalöse Unbekümmertheit der Zivilisten ... Diese Bitterkeit, die von Mata Haris Richtern sicher geteilt wird, fördert gewiß nicht die Nachsicht bei der Beurteilung einer Frau, die stets ein schlechtes Beispiel gegeben hat. 1903 verläßt sie das eheliche Heim und ihr Kind, 1904 zeigt sie sich nackt vor der verderbten Lebewelt, 1914 verkehrt sie bereits in Berlin mit einem Polizeichef. Was liegt näher, als sich vorzustellen, wie sich die leichtsinnige Margaretha Zelle in die Spionage stürzt, als sie keinen Vorteil mehr aus ihren Reizen ziehen kann?

Aus alledem wird klar, daß der Prozeß entschieden ist, ohne daß die Richter auch nur den Anflug eines Zweifels an der Schuld von Mata Hari haben. Alles belastet sie: die übereinstimmenden Indizienbeweise der Ermittlungen, ihre Geständnisse, die durch das spätere Leugnen nicht aufgehoben werden, die Sachbeweise und schließlich die ständige Amoralität ihres Lebenswandels. Mata Hari hofft in ihrer Ahnungslosigkeit, Gnade bei diesen Offizieren zu finden, indem sie ihnen von ihrer Liebe zur Uniform erzählt, sie begreift nicht, daß sie ihren Abscheu weckt. Als sie ihren Verteidiger weinen sieht, glaubt sie, er habe das Gericht gerührt, und sie erwartet einen Freispruch oder schlimmstenfalls ein paar Jahre Gefängnis. Wenn sie auf ihr Leben zurückschaut, ist sie auf Mata Haris Leistungen direkt stolz. Sie kann nicht verstehen, daß man ihr übel will.

Bevor man sich zur Beratung zurückzieht, stellt der Vorsitzende des Gerichts die rituelle Frage: »Angeklagte, haben Sie zur Ihrer Verteidigung etwas hinzuzufügen?« – »Nichts. Mein Verteidiger hat die Wahrheit gesagt. Ich bin keine Französin, ich hatte das Recht, Freunde in anderen Ländern zu haben, selbst in Ländern, die mit Frankreich Krieg führen. Ich bin neutral geblieben. Ich rechne auf Ihr gutes Herz.«

Die Richter ziehen sich zurück, während Mata Hari in

den Gefangenensaal gebracht wird, wo Maître Clunet sich bemüht, sie zu beruhigen. Die Beratung ist kurz, obwohl das Kriegsgericht acht Fragen zu prüfen hat:

Erste Frage: Ist die Angeklagte Zelle, Marguerite Gertrude, geschiedene Mac Leod, genannt Mata Hari, schuldig, im Dezember 1915, auf jeden Fall in der hier zu verhandelnden Zeit, in das befestigte Paris eingedrungen zu sein, um sich Dokumente oder Informationen im Interesse der feindlichen Macht Deutschland zu verschaffen?

Zweite Frage: Ist die Angeklagte schuldig, in Holland in der hier zu verhandelnden Zeit, und besonders in den ersten drei Monaten des Jahres 1916, der feindlichen Macht Deutschland, besonders in der Person des Konsuls Cramer, Dokumente oder Informationen verschafft zu haben, mit deren Hilfe Operationen der Armee oder die Sicherheit von militärischen Gebieten, Posten oder anderen Einrichtungen beeinträchtigt werden konnten?

Dritte Frage: Ist die Angeklagte schuldig, im Mai 1916, auf jeden Fall in der hier zu verhandelnden Zeit, in Holland mit der feindlichen Macht Deutschland, in der Person des besagten Cramer, zusammengearbeitet zu haben zum Zwekke der Begünstigung feindlicher Unternehmungen?

Vierte Frage: Ist die Angeklagte schuldig, im Juni 1916, auf jeden Fall in der hier zu verhandelnden Zeit, in das befestigte Paris eingedrungen zu sein, um sich Dokumente oder Informationen im Interesse der feindlichen Macht Deutschland zu verschaffen?

Fünfte Frage: Ist die Angeklagte schuldig, in Paris seit Mai 1916, auf jeden Fall in der hier zu verhandelnden Zeit, mit der feindlichen Macht Deutschland zusammengearbeitet zu haben zum Zwecke der Begünstigung der Unternehmungen besagten Feindes?

Sechste Frage: Ist die Angeklagte schuldig, im Dezember 1916, auf jeden Fall in der hier zu verhandelnden Zeit, in Madrid (Spanien) mit der feindlichen Macht Deutschland, in der Person des Militärattachés von Kalle, zusammengearbeitet zu haben zum Zwecke der Begünstigung der Unternehmungen des Feindes?

Siebente Frage: Ist die Angeklagte schuldig, unter den gleichen örtlichen und zeitlichen Umständen der feindlichen Macht Deutschland, in der Person des besagten von Kalle, Dokumente oder Informationen verschafft zu haben, mit deren Hilfe Operationen der Armee und die Sicherheit von militärischen Gebieten, Posten oder anderen Einrichtungen beeinträchtigt werden konnten, wobei die Dokumente vor allem die Innenpolitik, die Frühjahrsoffensive, die Entdekkung einer deutschen sympathetischen Tinte durch die Franzosen und die Preisgabe des Namens eines Agenten in englischen Diensten betreffen?

Achte Frage: Ist die Angeklagte schuldig, im Januar 1917, auf jeden Fall in der hier zu verhandelnden Zeit, in Paris mit der feindlichen Macht Deutschland zusammengearbeitet zu haben zum Zwecke der Begünstigung der Unternehmungen besagten Feindes?[48]

Die Richter antworten fast einstimmig mit »Ja« auf jede der Fragen. Diese Beschreibung von Mata Haris Aktivitäten während des Krieges zeichnet das Bild der großen Spionin und unermüdlichen Feindin Frankreichs. Haben die Richter sich diese müde Frau nicht richtig angesehen, die nur noch ein Schatten ihrer selbst ist? Die Prüfung der gestellten Fragen zeigt, daß man ein bißchen zu viel Kohärenz in das klägliche Abenteuer einer Anfängerin legt. Freilich wiegt in diesem Bereich die Absicht genauso schwer wie die Tat. Vor Mata Hari und nach ihr sind andere Spione und Spioninnen erschossen worden, ohne Deutschland große Dienste erwiesen zu haben. Mata Hari sollte den Beweis ihrer Unschuld erbringen, die Richter aber brauchten keine niederschmetternden Beweise, um auf ihre volle Schuld zu erkennen.

Sie nehmen an, daß sie seit Dezember 1915 im Dienste Deutschlands steht, weil sie sich im Datum ihrer ersten Kontakte zu Cramer geirrt hat und sie auf Februar 1915 datiert statt auf 1916. Sie halten diese alternde Tänzerin ohne Beziehungen für fähig, auf ihrer zweiten Reise wertvolle Informationen aus Paris mitzunehmen. Als Cramer sie engagiert hat, kann sie ihn belogen haben. Doch man glaubt ihr, wenn sie sich belastet, und man glaubt ihr nicht, wenn sie sich verteidigt. Das Verhalten, das man ihr zuschreibt, ist sehr sonderbar. Sie soll in Paris trotz beträchtlicher Risiken Agenten getroffen haben, die sie auf neutralem Terrain hätte treffen können. Sie kommt im Januar 1917 aus Spanien zurück, um mit Unterstützung der holländischen Gesandtschaft erneut Kontakte aufzunehmen. Kann man sich ein selbstmörderischeres Verhalten denken? Die Richter haben Mata Haris Aktivitäten in Madrid zugunsten der französischen Spionageabwehr vergessen, sie interessieren sich nicht für ihre Bemühungen, als sie versucht, Ladoux nützlich zu sein, sie ordnen sie unerbittlich einem Lager zu, während sie doch von einer Seite zur anderen pendelt.

Als sie Mata Hari zum Tode verurteilten, taten sie jedoch ihre Pflicht, so, als verurteilten sie irgendeine Marguerite Francillard. Dieser Prozeß hinter verschlossenen Türen ist für sie eine gewöhnliche Strafsache, und sie werden schwerlich begreifen, warum man nach dem Krieg soviel Aufhebens um diesen Tod macht. Einer der Richter, Major Chatin, liest 1922 das erste Buch, in dem von Mata Haris Leben und Tod berichtet wird: »Spioninnen in Paris« von Emile Massard. Er schreibt an den Autor:

»Ich stütze mich auf die Beweise, die ich in den Händen hatte, und auf das Geständnis dieser schmutzigen Spionin, wenn ich versichere, daß sie vielleicht fünfzigtausend unserer Landeskinder auf dem Gewissen hat, nicht gerechnet diejenigen, die sich an Bord der Schiffe befanden, welche im Mittelmeer versenkt wurden, zweifellos auf die Angaben hin, die H 21 machte. Überdies darf man nicht vergessen, daß H 21 im Juli 1914 die Mätresse eines deutschen Prinzen war.«[49]

Schon nimmt mit der unfreiwilligen Beihilfe eines Tribunals der Mythos von der größten Spionin des Jahrhunderts Gestalt an. Es ist Margaretha Zelles letzter Triumph, daß sie die Menschen dazu gebracht hat, an Mata Haris Genie zu glauben. Diesen Triumph hatte sie nicht gewünscht. Wie es das Militärgesetz vorschreibt, wird sie in ihrer Abwesenheit und in Abwesenheit ihres Anwalts verurteilt. Als man sie mit Maître Clunet wieder hereinkommen läßt, verliest ihr der Gerichtsschreiber vor der bewaffneten Wache das

Urteil. Sie kann es nicht glauben. »Das ist nicht möglich, sagen Sie mir, daß das nicht wahr ist.« Wieder bricht ihr Verteidiger in Tränen aus. Mata Hari faßt sich, sie unterschreibt in der Gerichtskanzlei ihren Antrag auf Berufung und wird in ihre Zelle in Saint Lazare zurückgebracht. Am 21. August 1917 wird die Berufungsklage abgewiesen, trotz aller Bemühungen von Maître Clunet. Mata Hari legt Revision ein. Es vergeht ein weiterer Monat, in dem ihr Anwalt einen Kollegen, Maître Raynal, um Unterstützung bittet, der am 27. September der Strafkammer des Kassationshofes Einwände vorlegt. Es wird nur eine einzige Frage geprüft: Hatte das Militärgericht die Kompetenz, Mata Hari zu verurteilen? Der Kassationshof befindet, daß das Militärgericht kompetent war. Mata Haris Chancen sind erschöpft. Verzweifelt begibt sich Maître Clunet ins Elysée, erkämpft sich eine Audienz bei Raymond Poincaré, wirft sich zu seinen Füßen, kann jedoch den Lothringer nicht rühren.

Mata Hari hat diese lange Wartezeit durchgestanden, ohne schwach zu werden. In der – immer unwahrscheinlicher werdenden – Hoffnung auf eine Intervention zu ihren Gunsten hat sie gekämpft, um dem Tod zu entkommen. Von ihren Freunden aus der Zeit vor dem Krieg hatte sie nichts zu erwarten. Ihr Heimatland jedoch interessiert sich für ihr Schicksal. Die Niederlande machen einen Vorstoß, ohne große Hoffnung auf Erfolg. Zweimal, nach Bekanntwerden der Verurteilung und nach der Abweisung der Berufung, hat der niederländische Außenminister den Gesandten der Niederlande in Paris, Chevalier de Stuers, aufgefordert, sein Möglichstes zu tun, um zu verhindern, daß eine Holländerin exekutiert wird. Zu Mata Haris Schuld hat er sich nicht geäußert. Nach ihrer Verhaftung hat weder die Regierung in Den Haag noch die Königin Wilhelmine interveniert. So bleibt also ein Vorstoß von fast privatem Charakter, ein Appell an die Menschlichkeit Frankreichs. Holland fühlt sich von Mata Hari in Verlegenheit gebracht und überläßt sie ihrem Schicksal.

TOD UND VERKLÄRUNG

Die Verratsaffären

Zwischen dem Todesurteil und der Exekution Mata Haris vergiften Verratsaffären das politische Leben. Am 6. August verhaftet man Almereyda, den Direktor des »Bonnet rouge«. Acht Tage später findet man ihn tot in seiner Zelle. Hat sich der Morphiumsüchtige, weil er kein Rauschgift mehr bekam, umgebracht, oder wurde er ermordet, damit er schweigt? Am 24. August reicht ein Polizeichef, Leymarie, seine Entlassung ein. Er ist in die Affäre Duval verwickelt, Duval war Geschäftsführer des »Bonnet rouge« und steht unter Verdacht, für Deutschland gearbeitet und seine Zeitung mit Geldern, die vom Feind stammten, finanziert zu haben. Am 31. August schließlich ein Donnerschlag: Malvy, der seit 1914 in allen Kriegskabinetten Innenminister war, wird zum Rücktritt gezwungen. Man wirft ihm ganz allgemein seine Nachsicht gegenüber der pazifistischen Minderheit in der C.G.T., seinen vertrauten Umgang mit Almereyda, seine Pokernächte mit alten Kumpanen und seine angeblichen Liebesabenteuer mit Mata Hari vor, in seiner Person verdammt man die Republik der alten Kameraden. Opfer einer Kampagne, die widerwärtig wird, als Daudet ihn beschuldigt, die Meutereien organisiert und dem Feind den Plan der Nivelle-Offensive verraten zu haben, entdeckt der bisher allmächtige Innenminister, daß er keine Freunde mehr hat, als er auf seine Ämter verzichtet, um seine Ehre zu retten. Am 5. September verhaftet man Marion, einen weiteren Geschäftsführer des »Bonnet rouge«, am 26. September sind zwei Journalisten desselben Blattes, Landau und Goldsky, an der Reihe. Am 29. September kommt Bouchardon, nach Informationen zur Affäre Bolo befragt, die er seit dem 5. Februar verfolgt, zu dem Schluß, daß er genügend Material zusammen hat, um die Verhaftung dieses Schwindlers und Verräters zu fordern, der von deutschem Geld lebt und Berlin glauben macht, er habe die französische Presse und die französischen Politiker in der Hand. Am 2. Oktober erdreistet sich Daudet, einen Brief an den Ministerpräsidenten Painlevé zu schreiben, in dem er darum bittet, von Hauptmann Bouchardon empfangen zu werden, es gehe »um die kriminellen Gefälligkeiten des ehemaligen Innenministers, Monsieur Malvy«.[50]

Die Öffentlichkeit gerät in Panik. Jeden Tag wird die Liste der Verräter länger. Es folgt der Abgeordnete Turmel, der im Sommer mit schweizerischem Geld aufgegriffen wird, das ihn für Dienste, die er Deutschland erwiesen hat, entlohnt, es folgen die Unterhändler Lenoir und Desouches, die in den Kauf des »Journal« für Berlin verwickelt sind, der Journalist Paix-Séailles, ehemaliger Direktor des »Courrier européen«, der des Verrats von Militärgeheimnissen angeklagt wird ... Ein Gerücht geht um, das all diese Affären miteinander in Verbindung bringt und andeutet, sie führten zum großen Unbekannten, den die Regierung nicht zu verhaften wagt: den ehemaligen Ministerpräsidenten Joseph Caillaux.

Von der Affäre Mata Hari bringt die Presse kein Sterbenswörtchen. Die Tänzerin und Spionin geht unter in dem Aufruhr um die Protagonisten der Verratsaffären, die in der Santé eingeliefert werden. Außer ihrem Verteidiger interessiert sich niemand für Mata Hari.

Die Exekution

Das Datum der Urteilsvollstreckung steht fest. Mata Hari wird am Montag, dem 15. Oktober, sterben. Die Ablehnung ihrer Berufungsklage hat ihr Klarheit über ihr Schicksal gebracht. Zum Erstaunen der wachhabenden Schwestern strahlt sie eine olympische Ruhe aus. Als Todeskandidatin bekommt sie seit Ende Juli eine bessere Kost und ißt mit einem Riesenappetit. Am Morgen erhält sie eine Brühe und

Kaffee, zu Mittag gegrilltes oder gebratenes Fleisch mit Gemüse, Wein und Kaffee. Am Abend serviert man ihr eine Suppe und ein Fleischgericht mit Beilage. Journalisten haben sich darum bemüht, sie zu besuchen, sie hat abgelehnt: »Ich bin kein Wundertier.« Die Gefangene Zelle ist nur noch der Schatten von Mata Hari. Ihr Haar wird grau, sie färbt es nicht mehr, sie hat jetzt die Gestalt einer Matrone, aber ihre Würde nötigt ihren Bewacherinnen Achtung ab. Auf den letzten Fotos, die vor ihrem Tode gemacht wurden, scheint Mata Hari nicht mehr als Verführerin wirken zu wollen. Da kommt eine andere Frau zum Vorschein, das ist nicht mehr Mata Hari, die Unheilvolle. Auf ihre Bitte hat der Gefängnisdirektor von Saint Lazare einen Pfarrer, Monsieur Darboux, kommen lassen, der sie im protestantischen Katechismus unterrichtet. Mata Hari war nicht getauft; in Saint Lazare findet sie zum Glauben. Der Pfarrer tauft sie kurz vor ihrem Tod.[51]

Die Nähe des Todes hat Mata Hari verändert. Die Gefängnisverwaltung bemüht sich, sie mit ein wenig Menschlichkeit zu behandeln. Die beiden Gefängnisärzte, Bizard und Bralez, die Oberaufseherin Schwester Léonide und ihr Anwalt Maître Edouard Clunet sind ihre letzten Freunde. Sie versuchen, ihr die Stunden vor der Exekution zu erleichtern. Am Sonntag, dem 14. Oktober, stattet Dr. Bizard ihr einen Besuch ab. Er weiß, was Mata Hari am nächsten Morgen bevorsteht. Auf seine Bitte mischt man der Gefangenen Chloral in die Getränke, damit sie schlafen kann, denn Mata Hari leidet seit einiger Zeit unter Schlaflosigkeit.

Das Ritual der Exekutionen ist stets gleich. Das Gesetz verlangt, daß eine Menge Menschen beim Tode dieser Frau anwesend sind. Dr. Bizard, der vorschriftsgemäß zugegen ist, hat diesen stummen Marsch zu Mata Haris Zelle geschildert. Der Oberstleutnant Somprou geht an der Spitze eines Zuges von dreißig Personen, die auf Teppichstücken und Decken laufen, welche man auf den Fußboden gebreitet hat, um den Lärm der Schritte zu dämpfen. Im Morgengrauen schläft das ganze Gefängnis noch, es ist dunkel.

Maître Clunet geht am Ende des Zuges. Man hat ihn gezwungen zu kommen, er wollte Mata Hari eigentlich durch Somprou ausrichten lassen, daß er alles versucht habe, um sie zu retten, denn er hat nicht den Mut, ihr selbst zu sagen, daß sie verloren ist. Vor dem Zelleneingang bezieht Schwester Léonide Posten. Die Zellentür öffnet sich lautlos. Die Verwaltung hat die Türangeln schmieren lassen. Der Offizier tritt als erster ein. In drei parallel stehenden Betten liegen drei Gestalten. Mata Hari und die beiden Gefangenen, die sie überwachen, schlafen tief und fest. Somprou zögert, wendet sich zu Schwester Léonide: »Welche?« – »In der Mitte.« Er tippt der Schlafenden auf die Schulter. Sie schreckt hoch und sieht ihn, noch im Halbschlaf, mit ihren großen schwarzen Augen an. Der Präsident des Kriegsgerichts wird von Bouchardon begleitet. Sie schütteln die Gefangene, die nicht zu begreifen scheint, was sie wollen: »Zelle, seien Sie tapfer! Der Präsident der Republik hat ihr Gnadengesuch abgelehnt. Die Stunde der Sühne ist gekommen.« Mata Hari sitzt im Nachthemd auf ihrem Bett. Sie fröstelt. Bizard läßt ihr einen Grog mit viel Rum bringen. Wie bei ihrem Prozeß, als sie ihr Urteil erfuhr, wiederholt sie: »Das ist nicht möglich, das ist nicht möglich ...«

Ein dritter Arzt ist dabei. Er beugt sich zu ihr hinunter und flüstert ihr ins Ohr: »Sind Sie nicht schwanger?« Mata Hari blickt ihn verstört an: »Wer sagt solchen Unsinn? Ich habe guten Grund, nicht schwanger zu sein.« In seiner Verzweiflung hatte Maître Clunet den absurden Einfall, zu behaupten, Mata Hari erwarte ein Kind von ihm ... Der alte Mann wirft sich in die Arme seiner Klientin und unterdrückt sein Schluchzen. Die Anwesenden wenden die Augen ab und ziehen sich zurück, denn Mata Hari muß sich ankleiden.[52] Die beiden Mitgefangenen helfen der ehemaligen Tänzerin, für die man aus der Registratur ein paar etwas abgenutzte Reliquien aus ihrer mondänen Vergangenheit hat kommen lassen: Schuhe Marke Paquin, ein perlgraues Kleid, ein pelzbesetzter Mantel, ein flacher Strohhut mit Schleier, lange Stulpenhandschuhe.[53] Mata Hari wendet sich zu Schwester Léonide und beruhigt sie: »Fürchten Sie nichts, Schwester, ich werde sterben, ohne schwach zu werden. Sie werden einen schönen Tod erleben.«[54]

Die Legende sagt, Pfarrer Darboux habe sie zu diesem Zeitpunkt getauft. Ob nun vom Glauben getragen oder nicht, auf jeden Fall beweist Mata Hari eine bewundernswerte Tapferkeit. Dem protokollierenden Offizier, der sie fragt, ob sie nichts zu bekennen habe, antwortet sie würdevoll: » Nichts, und wenn, behielte ich es für mich!« Sie stößt einen Wächter zurück, der ihren Arm ergreifen will, und faßt nach der Hand von Schwester Léonide, die sie bis zum Hinrichtungsort nicht wieder losläßt. In der Kanzlei schreibt Mata Hari drei Briefe, die sie dem Gefängnisdirektor übergibt.

Vor der großen Pforte von Saint Lazare warten fünf Wagen. Die Verantwortung für den ordentlichen Ablauf des Geschehens obliegt einem jungen Offiziersanwärter des 26. Artilleriebataillons, der mit der Auswahl und der Befehligung des Erschießungskommandos beauftragt ist, und dem Major Massard, der auf Befehl der Kommandantur von Paris die Fahrzeuge und die Männer mobilisiert hat, die an der schaurigen Zeremonie teilnehmen. Die Wachen lassen Mata Hari in den zweiten Wagen steigen, dessen Fenster verhängt sind. Sie steigt mit Pfarrer Darboux, zwei Nonnen und einem Arzt ein. Der Zug setzt sich in Bewegung, es geht den Boulevard Magenta entlang, über die Place de la République, an der Bastille, der Place de la Nation, dem Cours de Vincennes vorbei. In der Dämmerung sind kaum Passanten auf den Straßen, und die Wagen durchqueren die Stadt in aller Eile. Am Festungsturm von Vincennes machen sie halt. Es ist zwanzig vor sechs. Der Tag bricht an. Man schreitet zur Haftentlassung. Für die Übergabe eines Gefangenen an das Vollstreckungskommando gilt das gleiche Zeremoniell wie für seine Freilassung. Die Verurteilte steigt wieder in den Wagen, eskortiert von Dragonern, Artilleristen und Kavalleristen eines Pariser Garnisonsregiments.

Man ist am Schießplatz von Vincennes, dem für Exekutionen bestimmten Ort, angelangt. Der junge Offizier an der Spitze des Kommandos hatte Tränen, Widerstand und sogar einen Nervenzusammenbruch befürchtet. Seine Befürchtungen waren unbegründet. Mata Hari tritt mit vollkommener Überlegenheit auf. Sie umarmt Maître Clunet, und während sie das Karree überquert, wirft sie eine Kußhand in die Richtung der offiziellen Persönlichkeiten. Wem gilt dieser Gruß? Man wird es nie wissen. In dieser letzten Stunde verkörpert Margaretha Zelle bis zum Schluß Mata Hari.[55]

Sie läßt sich von zwei Gendarmen an den Pfahl binden. Ein kleiner Soldat tritt heran, um ihr die Augen zu verbinden. Sie lehnt heftig ab. Mata Hari will ihrem Tod ins Auge sehen. Ihr gegenüber auf dem Schießstand haben die Soldaten in drei Reihen Stellung bezogen. Das Erschießungskommando besteht aus zwölf Unteroffizieren der Zuaven mit eisernen Nerven. Der Offiziersanwärter hat Männer mit Kriegserfahrungen ausgesucht. Das Reglement schreibt ein Erschießungskommando aus vier Unteroffizieren, vier Gefreiten und vier Soldaten vor. Deshalb tragen nur vier Militärs Rangabzeichen. Vier andere haben ihre Tressen entfernt, und die vier letzten haben Gefreitenabzeichen an ihre Mäntel geheftet. Mata Hari kann von ihrem Pfahl aus die aufgereihten Soldaten sehen, die von der Pariser Garnison geschickt worden sind. Die Armee verleiht diesem Ritualopfer einen gewissen Stil. Außer den zu diesem Dienst befohlenen Dragonern, Artilleristen und Zuaven hat die Tänzerin und Spionin neben den offiziellen Amtspersonen noch etwa hundert geladene Gäste aus dem Bett gelockt. Mata Hari hat stets Anziehungskraft für Voyeure gehabt. Die Amerikanerin Nathalie Barney, die sonderbare Lesbierin, die der Tempeltänzerin zu ihren ersten Auftritten verholfen hatte, bittet Freunde, ihr von Mata Haris Tod zu berichten. Sie will wissen, wie sie gekleidet war und ob sie Haltung bewahrt hat bei ihrem letzten Auftritt. Man berichtet ihr zwei gleichermaßen pikante Versionen: Mata Hari sei in einem Reitkostüm gestorben, das sie eigens für diesen Anlaß habe anfertigen lassen, oder: Sie sei im Augenblick des Todes unter ihrem Pelzmantel nackt gewesen.[56]

Maître Mornet ist durch das Gesetz verpflichtet, bei Mata

Haris Ableben anwesend zu sein. Dieser Junggeselle, ein untadeliger Mensch im Privatleben, wird blutrünstig, wenn er im Namen des Vaterlandes eine Strafe beantragt. Aus Mata Hari hat er eine Hexe gemacht: »Die grausamen Frauen, die im Dunkeln Gemetzel vorbereiten und ihre Schönheit benutzen, um am Zerstörungswerk unserer Feinde mitzuwirken, verdienen nur den Tod. Es sind teuflische, schaurige Kreaturen ...« Diese Worte haben die rote Tänzerin in den Tod geschickt. Jetzt, da sie an den Pfahl gefesselt ist, sind der hitzige Mornet und der scharfsinnige Bouchardon zugegen, um sich an Ort und Stelle zu überzeugen, daß das Todesurteil vollstreckt wird.

Mata Hari hat die Hände frei, sie winkt Maître Clunet und Schwester Léonide zum Abschied. Der Offiziersanwärter hebt seinen Säbel, um den Feuerbefehl zu geben. Sie sieht ihm in die Augen und sagt: »Monsieur, ich danke Ihnen.« Eine Salve. Mata Hari, die nur mit einem Seil um die Taille am Pfahl festgebunden ist, sinkt zu Boden. Von zwölf Kugeln haben elf getroffen, trotzdem hält sich hartnäckig eine Legende, nach der die vor Rührung zitternden Männer alle außer einem ihr Ziel verfehlt hätten. Ein Dragoneroffizier, der den Befehl hat, ihr den Gnadenschuß zu geben, schießt ihr eine Kugel ins Ohr. Sie war bereits tot.[57]

Die Trompete ertönt. Die Truppen marschieren an dem Leichnam vorbei. Ein schwarzer Leichenwagen, von zwei Pferden gezogen, fährt heran. Er bringt den Sarg. Mata Haris Leichnam wird untersucht von Dr. Socquet, Dr. Rabillard und Oberleutnant Choulot, Regimentsarzt und Militärchirurg. Drei Sachverständige sind nötig, um festzustellen, daß Mata Hari am 15. Oktober 1917 um sechs Uhr fünfzehn gestorben ist.

Während sich die Truppen entfernen, führt man Maître Clunet beiseite, der einen Nervenzusammenbruch hat. Die Stimme des Protokollanten ertönt: »Erhebt jemand Anspruch auf den Leichnam?« Nein, niemand. John Rudolph Mac Leod, der sich zwölf Tage zuvor wieder verheiratet hat, hat nicht daran gedacht, seiner früheren Frau ein Begräbnis auszurichten, auch kein Verwandter und kein Freund hat den Mut dazu. Mata Hari wird auf dem neuen Friedhof von Vincennes begraben. Ein unausrottbares Gerücht besagt, ihr Leichnam sei den Medizinstudenten ausgehändigt worden, und einige Mediziner erinnerten sich, als Studenten einen Schädel in der Hand gehabt zu haben, der als Mata Haris Schädel galt.

Die Presse berichtet von diesem Tod mit wenigen Zeilen. In »L'Echo de Paris«, der Zeitung von Barrès, erscheint am 16. Oktober folgende Notiz: »Gestern früh wurde die Tänzerin Mata Hari erschossen. Ihr richtiger Name war Zelle, ihre Nationalität unklar, als sogenannte indische Tempeltänzerin hatte sie zweifelhaften Ruhm erlangt. Seit Beginn des Krieges und wahrscheinlich schon vorher unterhielt sie Beziehungen im Ausland, namentlich mit der Polizei in Berlin, wo sie sich im August 1914 aufhielt. Nach Frankreich zurückgekehrt, betrieb sie Spionage und wurde am 13. Februar dieses Jahres verhaftet.(...) Mata Hari bewies Tapferkeit bis an ihr Ende. Sie lehnte es ab, sich die Augen verbinden zu lassen, sie starb ohne ein Wort.«[59]

Am selben Tage bringt »L'Echo de Paris« einen Artikel von Barrès mit der Überschrift: »Man kann wieder freier atmen«, in dem die Rede ist von der »Angst, in der die Agenten der Boches leben«. In der Rubrik der Veranstaltungen werden die ersten Auftritte der geheimnisvollen Miloska, Tänzerin und Wahrsagerin, angekündigt.

Es bleibt noch Margaretha Zelles Nachlaß zu regeln. Zahlreiche Gläubiger erscheinen zum Verkauf ihrer beweglichen Habe am 9. und 10. Januar 1918 in Den Haag und ihres Schmucks am 30. Januar in Paris. Der Schmuck bringt kaum fünfzehntausend Francs ein, die bewegliche Habe noch weniger. Neugierige interessieren sich für das Bett der Kurtisane, aber die Angebote bleiben niedrig, und die Veranstalter kommen nicht auf ihr Geld. Mata Haris Tochter, Jeanne Louise, bekommt kein Erinnerungsstück von ihrer Mutter. Alles ist aufgelöst. Es scheint so, als wolle das Schicksal mit aller Macht die Spuren der Tänzerin und Spionin tilgen.

Die Propagandaschlachten: Mata Hari, Edith Cavell

Mata Haris tragisches Ende ist während des Krieges und nach dem Krieg von deutschen Publizisten ausgeschlachtet worden, um die Grausamkeit der Alliierten anzuprangern, die Frauen erschießen lassen. Mit dem Tod Mata Haris hat die feindliche Propaganda eine ergreifende Geschichte zur Verfügung, mit der sie die Franzosen in Verlegenheit bringen kann, deren patriotische Literatur unentwegt die deutsche Brutalität anklagt. Das war eine Art Vergeltung für die Kampagne der Alliierten um den Tod von Edith Cavell, die am 12. Oktober 1915 im besetzten Belgien erschossen worden war.

Diese englische Junggesellin ist im August 1914 in die Geschichte eingegangen, als die deutschen Truppen Brüssel besetzten. Edith Cavell leitete zu jener Zeit eine internationale Schwesternschule, die Berkendael-Stiftung. Sie ist der Meinung, daß es ihre Pflicht verlangt, in der besetzten Hauptstadt zu bleiben, um die Verwundeten beider Lager zu pflegen. Hinter dieser von Deutschland genehmigten Aktivität spannt sich ein Widerstandsnetz, mit dessen Hilfe belgische, französische oder englische Soldaten, die aus den Kriegsgefangenenlagern geflohen sind, nach Frankreich weitergeleitet werden. Dieses Netz, La Libre Belgique, das Freie Belgien, das von Fürst Réginald de Croy und einer jungen Bürgerin aus Lille, Louise Thuliez, aufgebaut worden ist, nutzt die Berkendael-Stiftung als Deckung. Edith Cavell setzt sich rückhaltlos für diese illegale Arbeit ein, sie findet Fluchthelfer, aber einer von ihnen ist ein Verräter. Es ist ein Franzose, Gaston Quien. Er denunziert Edith Cavell, und obwohl sie eine bekannte Persönlichkeit in Europa ist, wird sie am 3. August 1915 verhaftet. Sie wird in das Gefängnis von Saint Gilles eingeliefert und von Ernst Bergan, dem Chef der deutschen Polizei in Belgien, den man auch den »schwarzen Teufel« nennt, verhört. Er bringt sie zum Reden, sie gibt das ganze Netz preis, und fünfunddreißig Personen werden verhaftet. Am 7. Oktober wird sie mit den anderen Mitgliedern des Netzes vor das Kriegsgericht in Brüssel gestellt. Fünf Todesurteile werden gefällt: Philippe Baucq, Louise Thuliez, der Apotheker Séverin, die Comtesse de Belleville und Edith Cavell. Am 12. Oktober wird sie erschossen. Zwischen der Urteilsverkündung und der Exekution lagen nur drei Tage. Die deutsche Administration will die Widerstandskämpfer abschrecken.

Ein amerikanischer Konsul sucht nach einer Person, die innerhalb so kurzer Frist intervenieren könnte, und findet den Baron de Lancken, einen Diplomaten, über den die gesamte Korrespondenz des Geheimkrieges in Europa läuft. Lancken ist eine mächtige Persönlichkeit sowohl im besetzten Belgien wie auch am kaiserlichen Hof. Er weigert sich, bei Wilhelm II. zu intervenieren, der später seinerseits behaupten wird, er hätte Edith Cavell auf keinen Fall hinrichten lassen, wenn er Bescheid gewußt hätte.

Sie stirbt wie eine Heilige. Zum Nationalen Schießplatz in Schaerbeack, im Stadtgebiet von Brüssel, überführt, bittet sie um den Besuch eines englischen Feldgeistlichen. Die Deutschen schicken ihr einen Militärgeistlichen, der englisch spricht. Sie sagt zu ihm: »Bitte sagen Sie allen, die mir teuer sind, daß meine Seele, wie ich hoffe, gerettet ist und daß ich froh bin, für mein Land zu sterben.« Man zwingt sie, sich zur Erschießung hinzusetzen. Sie wird ohnmächtig, man legt sie auf die Erde, und das Erschießungskommando schießt auf sie wie auf einen Haufen Lumpen. Man begräbt sie auf dem Schießplatz, am Fuße einer Böschung, hundert Meter von der Stelle entfernt, an der sie erschossen wurde.

Am 14. Oktober läßt der Gouverneur von Brüssel, General von Bissing, überall in der Stadt eine Bekanntmachung anbringen, in der Edith Cavell der Spionage für die Alliierten beschuldigt wird. Die französische und die englische Propaganda nutzen diese Exekution weidlich aus als symptomatisch für die deutschen Kriegsverbrechen in Belgien. Edith Cavell, als »das belgische Mädchen mit den abgehackten Händen«, wird zum Postkartenmotiv, zum Einsatz in der Propagandaschlacht.

Zwei Jahre später findet die deutsche Presse in Mata Haris Tod eine Gelegenheit zur Vergeltung. Es war schwierig, aus Mata Hari eine Heilige zu machen, aber man konnte ihre Schuld in Frage stellen und behaupten, die Franzosen hätten nicht gezögert, eine Unschuldige zu erschießen, die einer hysterischen Öffentlichkeit zum Fraß vorgeworfen wurde ... Nach dem Krieg geht diese Kampagne weiter. Sie bringt ein konkretes Resultat. Im Januar 1929 verlangt ein ehemaliger Chef der Spionageabwehr, General Gempp, von den Archivaren seiner Dienststelle die Akte Mata Hari. Man findet nichts weiter als eine Notiz, die im Januar 1920 von einem Diplomaten, Scheliha, verfaßt wurde: »Mata Hari, geboren in Sumatra, daselbst bekannt als Tänzerin. Frau eines holländischen Obersten, tanzte in der Mailänder Scala und in Paris, bevor sie erschossen wurde.« Für eine große Spionin kann man sich kein kürzeres und rätselhafteres Epitaph ausdenken.

Die Legende der Erschossenen

Solange sie lebte, hat Margaretha Zelle eine bestimmte Vorstellung von Mata Hari verteidigt. Nach ihrem Tode wird das Geheimnis um die Herkunft der Tänzerin von dem Geheimnis der Spionin absorbiert. Von Zeugen und Ermittlern manipuliert, die ihr zumeist feindlich gesonnen waren, treiben Lügen Gespinste auf einen Kriegsmythos zu. Nun erscheint sie als Verführerin, die aus dem verlockenden, verderbenbringenden Orient gekommen ist, die Spionin Wilhelms, in indische Schleier gehüllt, die todkündende Salome. Ein postumer Triumph für eine Phantastin, der über ihre Träume und Wünsche weit hinaus geht. Auf ihrem Grab wachsen Blumen, die sie nicht gesät hat.

Rechtsorientierte Journalisten hatten ihr einst zu Ruhm verholfen. Dieses Milieu verleugnet jetzt seinen früheren Kosmopolitismus und trägt zur Verbreitung der zweiten Legende von Mata Hari bei – der Legende von der ausländischen Spionin, die seit 1905 die Arglosigkeit ihrer Gastgeber mißbraucht hat. In einem schönen Leib verbarg sich eine abscheuliche Seele. Dieses Thema reizt die Phantasie, und fünf Jahre nach Margaretha Zelles Exekution meldet sich Emile Massard, als erster aus einer langen Reihe, und »legt die Seele dieser Abenteurerin bloß, die ihren Körper so gern in der Öffentlichkeit entblößte«.[60] Dem Anschein nach Inderin, den Formen nach und im Herzen eine Deutsche, hat sie ihre beiden Berufe angeblich in der berühmten Schule von Lörrach gelernt, und als sie ihr Debüt im Musée Guimet gibt, tut sie das im Auftrag. Ein Beweis? Ihr Code-Name, H 21. Wenn sie während des Krieges engagiert worden wäre, hätte sie zwangsläufig zu ihrer Kennzahl die Buchstaben A (Antwerpen) und F (Frankreich) kommen. Als professionelle Verführerin fängt Mata Hari, die Unheilvolle, in ihren Netzen einen zu schwachen Minister, Malvy, den sie sich mit Nelly Béryl, seiner offiziellen Geliebten, teilt. Das ist die »wahre Mata Hari« also ohne Maske. Und natürlich würdelos.

Es ist ein ganz eigenartiger Haß, den eine flatterhafte, leichtlebige Frau weckt, die aus lauter Langeweile Spionin spielte. In »Les Défaitistes« von Louis Dumur, einem außerordentlich franzosenfreundlichen Schweizer, bilden Malvy, Nelly Béryl und Mata Hari ein teuflisches Trio. Auf Befehl von Romberg, dem deutschen Botschafter in Bern, wird die Tänzerin in die Salons eingeführt und verkauft sich, um unter den Rauschgiftsüchtigen und Orientierungslosen, die das verdorbene Paris der Vaterlandsverächter bevölkern, neue Agenten anzuwerben ... Die exotische Erotik hatte zu ihrer Zeit viele begeistert, jetzt betrachtet man sie als die klassische Waffe der vaterlandslosen Spioninnen, Mata Hari hat nie aufgehört, konspirativ gegen Frankreich zu arbeiten, von dem sie doch so großzügig aufgenommen und gefeiert worden war. Das Publikum glaubt es, weil alle es sagen: die Franzosen Fage und Nadaud, der Holländer Heymans, der Engländer Coulson. Mata Hari hat Zeugen gegen sich: sie haben die Tänzerin vage gekannt, nun belasten sie die Spionin. Sie wird von Experten wie Robert Boucard beschuldigt, dessen Enthüllungen über die »Hintergründe der Spionin« zwischen den beiden Weltkriegen maßgebend waren. Ihre Festnahme schließlich ist das schönste Ruhmesblatt für Major Ladoux, der seinen »Spionjägern« ein Kapitel mit dem kämpferischen Titel »Wie ich Mata Hari verhaften ließ« anfügt.

Mittlerweile ist sie auch eine Filmgestalt. In Österreich wird sie 1927 von Magda Sonja in »Mata Hari, die rote Tänzerin« verkörpert. Nach dem Stummfilm ergreift der Tonfilm Besitz von Mata Hari, ohne das geringste an der Vulgata der Literaten zu ändern. Joseph von Sternberg verleiht ihr den Charme einer noch molligen Marlene Dietrich in »Dishonored« (1931), der in Frankreich mit dem bizarren Titel »X 27« herauskommt. Als Antwort darauf bringt die Metro-Goldwyn Mayer mit riesigem Werbeaufwand »Das letzte Abenteuer der Mata Hari«: In der Version von George Fitzmaurice wird Greta Garbo von ihren Chefs beauftragt, einen jungen russischen Flieger, der geheime Dokumente transportiert, zu verführen. Die orientalische Tänzerin entdeckt in den Armen ihres Opfers die Liebe, erfüllt trotzdem ihre Mission, büßt dafür mit dem Tode, aber die barmherzige französische Justiz erlaubt ihr, ihre letzte Nacht mit dem erblindeten russischen Offizier zu verbringen.

Nach den Patrioten und nach den Filmregisseuren folgen die Vielschreiber: Neue Mata Haris tauchen auf, eine unwahrscheinlicher als die andere, aber stets im Namen der Wahrheit. Die Siegespalme gebührt zweifellos dem Amerikaner Kurt Singer, der mit »Mata Hari, der Roman einer Spionin«[61] das ergiebige Thema der Spionagegöttin ausschöpft. Während ihres Aufenthaltes auf Java verführt Mata Hari den Sultan Hamid. In jener Nacht nimmt in Gertrude Zelle Mac Leod die Persönlichkeit der künftigen Mata Hari Gestalt an. In jener Nacht auch wird das eurasische Kind gezeugt als Frucht der frevelhaften Liebe zwischen dem Sultan Hamid und der Göttin des Bösen: Banda wird, wie ihre Mutter Mata Hari, dem Gott Schiwa geweiht.«

Ein Kunstprodukt: Mata Haris Tochter

Die echte Tochter Mata Haris stirbt am 10. August 1919 an einer Gehirnblutung kurz vor ihrer geplanten Abreise nach Niederländisch-Indien. Jeanne Louise, im Alter von achtzehn Jahren gestorben, interessiert niemanden. Die Liebhaber des Ausgefallenen bevorzugen eine vollkommene Erfindung, Banda, die Spionin ist wie ihre Mutter und für ein tragisches Schicksal ausersehen wie diese. Banda erscheint nach dem zweiten Weltkrieg und sichert die Fortsetzung des Mythos. Man findet sie in den Erzählungen Singers und eines Dr. Locard, Direktor des kriminalistischen Labors von Lyon, der eine glänzende »Mata Hari« verzapft.[62] Banda, ein hübsches Mädchen eurasischen Typs, heiratet mit siebzehn Jahren einen sehr viel älteren Beamten der holländischen Kolonie Java. Er stirbt beizeiten, und so kann die verwitwete schöne Banda in Bali sich dem Leben der feinen Gesellschaft widmen, was ihr, als die Japaner 1941 kommen, erlaubt, dem gelben Eroberer die Geheimnisse der Weißen zu verkaufen. Aber da tritt die Liebe in ihr Leben. Ein indonesischer Patriot, Abdul, bringt sie dazu, für die Amerikaner zu arbeiten. Ein doppeltes Drama: Mit vierzig Jahren liebt sie einen zwanzigjährigen Burschen, wie ihre Mutter einst Maslow geliebt hatte, und sie spioniert, indem sie zwei Lager verrät. Dank ihren Diensten bekommen die Amerikaner rechtzeitig den Schlachtplan für die Verteidigung von Guadalcanal. Damit ist sie im Räderwerk der Geheimdienste gefangen, denn der O.S.S. läßt sie nicht los. Sie ist 1949 in China, 1950 in Korea, als die Truppen von Kim Il Sung über Südkorea herfallen. In Seoul erkennt sie ein nordkoreanischer Politkommissar: »Das ist Banda, die Tochter von Mata Hari. Sie arbeitet für die Amerikaner.« Wie ihre Mutter stirbt sie im Kugelhagel eines Exekutionskommandos. Ihr Schicksal war die Vorlage für einen Film, den Renzo Merusi und Carmine Gallone 1954 drehten, der den Titel »Mata Haris Tochter« trug und die Tänzerin Ludmilla Tcherina in der Rolle der betörenden und unglücklichen Banda zeigte.

Lassen wir diese orientalischen Phantasien beiseite. Die Faszination, die Mata Hari in ihrem zweiten Leben ausübt, beruht auf einem heute überholten Phänomen – der Angst vor der deutschen Spionage. Bereits in »L'Avant-Guerre«, den Léon Daudet 1913 veröffentlicht, beschreibt er das abscheuliche Unternehmen: Ein Spinnennetz spannt sich über ein argloses Frankreich. Bei jeder Verhaftung eines Spions, bei jeder neuen Verratsaffäre wird diese Angst aufgefrischt, und 1917 gilt Daudet als ein Prophet, den man endlich ernst nimmt. Ein Prophet, der seine Autorität ausnutzt, um munter drauflos zu phantasieren, wobei er seine Wahnideen und Übertreibungen mit den – nicht immer seriösen – Akten des Deuxième Bureau und der Militärischen Sicherheit vermischt. Die brave Öffentlichkeit schließt verängstigt aus diesen Affären, von denen seit 1917 die Zeitungen voll sind, daß es überall Agenten des Feindes gibt. Frankreich erzählt sich schlotternd Geschichten, die ihm nachts den Schlaf rauben. Es beruhigt sich auch nicht so schnell wieder, das beweist der Erfolg, den Robert Boucard mit seinen 1931 veröffentlichten Enthüllungen hat:

»Vor 1914 durchstreiften die Spione Deutschlands unermüdlich ganz Frankreich in allen Richtungen. Nichts blieb dem Zufall überlassen. Selbst in der kleinsten belgischen oder französischen Ortschaft hatten die Eindringlinge ihre Aufklärer. In jedem Dorf bekam der Kommandeur der Spitzengruppe unmittelbar beim Einmarsch von einem Mann einen Zettel gereicht, auf dem die Namen des Bürgermeisters, seiner Ratsmitglieder, des Priesters und der wichtigsten Bürger verzeichnet waren. Wie hatte das Nachrichtenbüro diese gewaltige Leistung vollbringen können? Seit vierzig Jahren überschwemmte der deutsche Spionagedienst Frankreich buchstäblich mit bezahlten Spitzeln. Man schätzt die Zahl der solcherart verpflichteten Kellner in Hotels, Bierstuben und Restaurants auf mehr als zehntausend. In den östlichen Gebieten waren etwa hundert junge Frauen mit erprobten Reizen in Soldatenkantinen eingesetzt. Angestellte der Schlafwagengesellschaften nutzten ihre ständigen Ortswechsel, um die Abstellgleise und die Reparaturwerkstätten zu ermitteln. Tausende Lehrerinnen, die durch ein Stellenvermittlungsbüro an die Familien von hohen Beamten, Offizieren und Diplomaten vermittelt wurden, unterrichteten Berlin über die Geisteshaltung des französischen Bürgertums. Einer von ihnen, Fräulein Eva Horvetter, bei einem Kapitän zur See mit Heimathafen Cherbourg angestellt, war es gelungen, die Pläne eines U-Bootes zu entwenden. Sie wurde am 15. März 1914 verhaftet.

Auf allen Straßen im ganzen Land wimmelte es von verkappten Spionen, die sich als Korbmacher, ambulante Händler oder Gipsstatuettenverkäufer ausgaben. In jeder Garnisonstadt hatten sich Fotografen in der Nähe der Kasernen niedergelassen. Aufgrund der günstigen Preise, die sie forderten, wurden sie von den Soldaten und ihren Vorgesetzten bevorzugt in Anspruch genommen; die Negative schickten sie dann nach Deutschland. Die Deutschen besaßen über jeden Offizier eine Akte, die ständig aktualisiert wurde und die unbedeutendsten Einzelheiten seines Privatlebens enthielt. Wenn sein Lebenswandel auch nur ein wenig unkorrekt war, bekam er eine rote Karteikarte, das bedeutete, daß er erpreßbar war. Minister, Generäle und Botschafter hatten Leute aus Berlin in ihren Diensten, die ihre vertraulichsten Papiere lasen.«[63]

War Frankreich also ohne Schutz? Das Publikum beruhigt sich mit Erlebnisberichten und Filmen, in denen die smarten Offiziere des Deuxième Bureau und ihre Mitarbeiterinnen, junge Französinnen mit klarem Blick, die Schachzüge ihrer Gegner, nämlich des Junkers mit kahlgeschorenem Schädel, und seiner Inspiratorin, des diabolischen Fräulein Doktor, vereiteln. Die Geschichte dieses unaufhörlichen Kampfes, der vor dem Krieg begonnen hatte und auch nach dem Waffenstillstand fortgesetzt wurde, ist eine unerschöpfliche Quelle für Szenarien. Eine Gestalt beherrscht diese Fortsetzungsreihe, in der zuweilen das Gute über die Kräfte des Bösen siegt: Es ist stets die allmächtige Chefin des Büros III B in Antwerpen, Mademoiselle Docteur oder Fräulein

Doktor, sie ist die Frau, die Männer befehligt, die grausame Göttin der Spionage. Damit schließt sich der Ring. Hinter Mata Hari, der Femme fatale, findet man eine andere Frau, die noch furchterregender ist und die nur sehr wenige Menschen gesehen haben. Als lebende Legende entkommt Fräulein Doktor den Anschlägen des Deuxième Bureau. Sie ist unsterblich und bösartig, wie Fantomas, und ihren stählernen Blick vergißt man nicht. »Und wenn ich tausend Jahre leben sollte«, schreibt der Phantast Charles Lucieto in seinen »Memoiren eines Geheimdienstagenten der Entente«, »ich würde das Fräulein Doktor inmitten einer Menschenmenge immer an seinen Augen erkennen.«[64]

Wenn man für das Böse arbeitet, nimmt man keinen Urlaub. 1933 begleicht das Fräulein Doktor alte Rechnungen, indem sie ihren früheren Gegner, den Major Ladoux, ermordet. Hören Sie seine Witwe in ihrem Vorwort zu seinem postum erschienenen Buch »Meine Erinnerungen«:

»Im Februar 1933, als er gerade ›Spionjäger‹ herausgebracht hatte, erhielt er einen Brief von einem französischen Journalisten aus Berlin, der Mademoiselle Docteur getroffen hatte. Sie schlug ihm eine Begegnung in Zürich vor, weil er im ›Paris-Soir‹ von ihr gesprochen hatte. Diese Begegnung hätte zu Ostern stattfinden sollen. Aber er versäumte sie. Da erhielt er zwei Fotos von Mademoiselle Docteur, eines von 1914 und ein ganz aktuelles, mit einer handgeschriebenen Notiz. Er betrachtete sie zu lange. Ich bin überzeugt, daß er mit einem pathogenen Bazillus vergiftet wurde.«[65]

Untersuchungsrichter Bouchardon war besser dran als Ladoux, seine Wege kreuzten sich nicht mit denen dieses Ungeheuers, doch er erinnert sich an die Chefin des Büros III B in Antwerpen, ohne sie je gesehen zu haben:

»Eine geschickte Person, wohlbeleibt, groß, blond, polyglott, mit zu auffälligem Schmuck beladen. Ihr Name? Sie hatte so viele verschiedene, daß sie ihren richtigen Namen nicht mehr weiß. Fräulein Elsa, Miss Doktor, Mademoiselle Rennmüller ... Die meisten nennen sie ganz einfach die Blonde Frau. Sie raucht russische Zigaretten und zeigt selbstgefällig ihre Waden, wenn sie ihre Beine übereinanderschlägt. Niemand widerspricht ihren Befehlen, die sie niemals wiederholt. Die Obersten nehmen militärische Haltung an, wenn sie mit ihr sprechen. Von Zeit zu Zeit spielt sie mit einem Browning, den sie aus ihrer Tasche zieht, oder sie liebkost mit ihrer ringüberladenen Hand den Griff einer Reitgerte ...«[66]

Was hat dieser Romanvamp in den Erinnerungen eines von Berufs wegen skeptischen Untersuchungsrichters verloren? Pierre Bouchardon hängt einer allgemeinen Überzeugung an, die der Krieg hervorgebracht hat und die sich weit über den Krieg hinaus hielt. Die französischen Soldaten haben zur Bereicherung der Staffage von 1914/18 beigetragen, indem sie, von wilden Gerüchten ausgehend, die furchterregende Figur der Mademoiselle Docteur erfunden haben. Die Legende soll in Belgien entstanden sein, zu Beginn der Invasion. Von Kriegsteilnehmern oder Flüchtlingen erfährt man, daß eine blonde Frau – Ärztin oder Medizinstudentin, niemand weiß das – die Verwundeten ausfragt, ihnen durch Verführung oder Folter Informationen entreißt. Gibt es einen Zusammenhang zwischen der Angst vor diesem Gespenst und dem Schweigegebot für Heimaturlauber, Heimkehrer und Verwundete? Die Flüsterpropaganda verbreitet die Kunde von »Mademoiselle Docteur« lange bevor sich Presse, Literatur und Film ihrer bemächtigen.

Die »Blonde Frau« ergründete alle Geheimnisse der Alliierten. Damit ist die Lüge für unerklärliche Rätsel gefunden. Sie hat 1915 die Formel für das Senfgas verraten, sie hat 1916 das Schiff in die Luft jagen lassen, auf dem sich General Kitchener befand. Ihre Agenten lenken durch Lichtsignale die Zeppeline und die »Tauben« bei ihren Luftangriffen auf Paris. Ihre Zentrale in Antwerpen hat die beiden französischen Militärs ausgebildet, die 1917 genau in dem Moment gefaßt wurden, als sie den Invalidendom sprengen wollten, sie schickt ihre Spione und Mörder überallhin, an die Front, hinter die Frontlinien, zu den Neutralen. Als Chefin des Labors des Bösen ist diese Deutsche die Verursacherin sämtlicher Mißerfolge der Alliierten, mit denen sie einen ganz persönlichen Krieg führt.

Wie wird man zu einem Ungeheuer? Als die Pariser Tageszeitung »La Presse« den Tod von Anne-Marie Lesser, einer Deutschen, die behauptete, Mademoiselle Docteur zu sein, bekanntgibt, bringt sie bei dieser Gelegenheit deren traurige Geschichte. Sie war Novizin in einem Kloster, dann fiel sie auf die schönen Worte eines Husarenhauptmanns herein, der verführte sie und ließ sie im Stich. Sie war siebzehn Jahre alt, der Krieg war gerade ausgebrochen, und so bot sich ihr die Chance, sich an den Männern zu rächen. Sie tritt in den Dienst des Nachrichtenbüros, bekommt die Registriernummer 14 G W und rückt dank ihrer Tüchtigkeit und Härte in der Hierarchie bis ganz nach oben. 1915 stellt der Kaiser, der von ihr begeistert ist, sie an die Spitze des Spionagezentrums in Antwerpen. Aus den Ängsten der Soldaten geboren, hat sich der Mythos verstärkt und ist zu einem Credo geworden, das man nicht diskutiert: Hat nicht Ladoux Mata Hari ins Kreuzverhör genommen, um sie zu dem Geständnis zu bringen, daß sie unter der Kennummer AF 44 für die Dame in Antwerpen arbeitete?

Der Sieg hätte der Legende ein Ende setzen müssen. Aber weit gefehlt, sie überquert den Rhein und faßt in Deutschland ebenso Fuß wie in Frankreich. Mademoiselle Docteur ist verschwunden, wo steckt sie? Journalisten machen sich auf die Suche nach ihr, und das Publikum wird nicht enttäuscht. Eine Legion von Kandidatinnen taucht auf. Es gibt nicht nur eine Mademoiselle Docteur, es gibt mindestens sechs. Aber welche ist die richtige? Drei von ihnen scheiden bald aus. Fräulein Erhard, Fräulein Henricks und die Baronin Maria Viktoria Kretschmann, sie sterben, kurz nachdem sie entdeckt sind, und fordern nichts für ihre vergangenen Dienste. Anfang der zwanziger Jahre geht die Suche weiter, als müsse unbedingt bewiesen werden, daß es die große Spionin wirklich gegeben hat. 1927 ist die Favoritin der deutschen Presse eine Morphiumsüchtige, Anne-Marie Lesser, die diese Rolle ohne Zögern annimmt und bereitwillig erzählt, was sie den Alliierten für Schaden zugefügt hat. Das bringt ihr kein Glück – im August 1934 meldet man ihren Tod in einem Sanatorium in der Nähe von Zürich.

Kurioserweise findet sich, immer wenn ein Fräulein Doktor stirbt, bald ein neues. Diese Vermehrung von Phantastinnen, die sich aus eitlem Ruhmesstreben an einen Kriegsmythos hängen, wird von der Presse gefördert. Aber aus welchem Grunde? Die französische Neugier erinnert sehr an Furcht, und das Interesse des deutschen Journalismus für diese Enthüllungen von Spioninnen ist nicht ganz unschuldig. Die französischen Ermittler wissen, daß die Spionin Wilhelms nicht aufgegeben hat, denn sie verdächtigen die Reichswehr, daß sie ihre Revanche vorbereitet; die Deutschen trösten sich über ihre Niederlage, indem sie die Patriotin feiern, die den Welschen immer noch Angst macht. Ein paar Skeptiker wollten erklären, daß Mademoiselle Docteur niemals existiert hat und daß sich ihr Name nur aus einer Gepflogenheit des französischen Nachrichtendienstes herleitet, mit »Herr Doktor« oder »Fräulein Doktor« jeden nicht identifizierten Agenten zu bezeichnen. Man hat ihnen kein Gehör geschenkt.

Nach ihrer Machtergreifung hüten sich die Nazis, den heroischen Mythos zu zerstören. Joseph Goebbels, der Propagandachef des Reichs, begeistert das Publikum, indem er von ruhmreichen Zeugen die schönsten Seiten des Krieges drehen läßt. Die »Blonde Frau« tritt in den Dienst des Nationalsozialismus. Goebbels hat das echte »Fräulein Doktor« entdeckt: eine Dame namens Elisabeth Schragmüller, selbstverständlich Parteimitglied. Mit einer korrigierten Biographie, gestützt auf die Aussagen von Oberst Nicolai, dem eigentlichen Chef des Nachrichtendienstes und ebenfalls dem Regime eng verbunden, enthüllt sie vor verblüfften Journalisten die unbekannten Taten der Spionagemeisterin. Ganz nebenbei erledigt sie auch Mata Hari: »H 21 hat Frankreich keinen Schaden zugefügt. Keine einzige der Informationen, die sie geliefert hat, war zu verwerten. Ihr Schicksal ist tragisch, denn sie ist umsonst gestorben.«

Fräulein Schragmüller spielt eine mörderische Rolle, die schon ihren Vorgängerinnen kein Glück gebracht hat. 1940 stirbt sie bei einem Unfall, achtundvierzig Jahre alt. Hat die wahnwitzige Geschichte nun ein Ende? Immer noch nicht. 1979 taucht Mademoiselle Docteur wieder auf. Sie wohnt in Hamburg und heißt Erna Zorning. Als Schweizerin und gelernte Krankenschwester war sie nach der Niederlage von Charleroi, als es an erfahrenem Personal fehlte, ohne Schwierigkeiten in den französischen Sanitätsdienst eingetreten. Diese letzte Inkarnation von Mademoiselle Docteur jedoch nimmt die legendären Taten der »Blonden Frau« nicht auf sich. Sie habe der deutschen Sache kleine Dienste erwiesen, indem sie vertrauliche Mitteilungen verwundeter Soldaten weitergegeben habe. Ist das wahr? Mag sein. Sobald die Geschichte von Mademoiselle Docteur plausibel wird, fällt sie ab ins Anekdotenhafte. Mit sicherem Instinkt entscheiden sich Pabst im Jahre 1937 und Lattuada 1969 für die Romanfigur, als sie das Tun der gnadenlosen Spionin auf die Leinwand bringen. Wie Mata Hari ist sie das Negativbild der Frau, die Todesbotin, die Männer ins Verderben stürzt. So leisten zwei Phantome einander Gesellschaft: Fräulein Doktor, dieses düstere Wesen, ist wie der Schlagschatten der roten Tänzerin, größer und erschreckender als diese.[67]

SCHLUSS

Seit jenem Märzabend im Jahre 1903, als Margaretha Zelle, mit einem orientalischen Pseudonym geschmückt, auftrat, hat sie zwei Leben geführt. Man hat die unauffällige Person, die von dem Idol der Salons verdeckt wurde, zu gering geschätzt. Dabei war sie es, die mit unglaublicher Energie diese Illusion aufrechterhalten hat. In den zehn Jahren, in denen sie als Tänzerin und Kurtisane triumphierte, war sie die Scheherezade der Snobs und erzählte ihnen jede Nacht eine andere Geschichte, um nicht zu sterben. Diese Gabe kann ihr keiner nehmen. Gewiß, eine echte Künstlerin hätte keine Fabel gebraucht, um zu betören. Mata Haris einsamer Kampf um dauerhaften Ruhm war ein Gebot der Not. Sie war gewissermaßen mit einem Geniestreich in die Welt der Berufstänzerinnen eingebrochen und beutete die Leichtgläubigkeit ihrer mondänen Helfer unverfroren aus, mit einem Erfolg, der ihre Hoffnungen gewiß weit übertraf. Da sie jedoch zur Gefangenen ihrer erotischen und exotischen Legende geworden war, konnte sie sich nie mehr davon befreien. Die Spezialisierung auf Tänze ohne Schleier verhieß ihr keine lange Laufbahn. Während die Pawlowa, Isadora Duncan und Maud Allen ihre Karriere fortführten, verschwindet Mata Hari sehr bald wieder von der Bildfläche. Eine Reputation bleibt ihr, die sie nicht mehr los wird.

Diese Berühmtheit wird ihr zum Verhängnis. Ein guter Agent verliert sich in der Menge, er hat gelernt, sich unscheinbar zu machen, und er ist für seine Arbeit als Nachrichtenaufspürer qualifiziert. Wie hätte Mata Hari Geheimnisse herausbekommen sollen, die sie sowieso nicht verstanden hätte, und wie hätte sie reisen können, ohne aufgespürt zu werden? Wie hat sie ihren Auftraggebern weiszumachen vermocht, daß sie ihnen von Nutzen sein werde? Ihr Ende ist unabwendbar, ihre Anfänge sind das eigentlich

Verblüffende. Zwar engagieren die Geheimdienste beider Lager in jener Zeit noch andere Amateure in einem Bereich, wo man heute nur noch Profis findet: Haben die Sängerin Mistinguett, die Tänzerin Klara Benedix oder die Fliegerin Marthe Richer besser gearbeitet als die Agentin H 21? Mata Hari hat mehr Pech als ihre Schwestern, sie genießt nicht das Vertrauen ihrer Auftraggeber, sie glaubt, auf zwei Hochzeiten tanzen zu können, während ihre klägliche Gerissenheit sie geradewegs ins Verderben führt. Mit selbstmörderischer Gewißheit hatte sie die Figur der Dalila für sich gewählt. Man ließ sie gewähren, man gestattete ihr ein paar Monate lang, das Netz zu spinnen, in dem sie sich selbst verfing.

Zum größten Ärger der Leute vom Nachrichtendienst ist ausgerechnet eine schlechte Spionin das Symbol für die weibliche Spionage. Oberst Pierre Nord, ehemaliger Mitarbeiter des Deuxième Bureau, hat den Kampf gegen die Mata-Hari-Legende aufgenommen und fordert, alle Vamps auszumustern, die durch eine falsche Vorstellung von diesem Beruf angelockt worden sind.[68] Es ist absurd, die Tänzerin und Spionin auf die gleiche Ebene wie Abel oder Sorge zu stellen, aber Mata Haris wirkliche Taten sind ohne Bedeutung. Mata Hari ist nicht, wie so viele ihrer Zeitgenossen, in Vergessenheit geraten, denn die Träume der Männer haben ihr Abenteuer verwandelt. Das genügt für ihren Ruhm. Als Stoff für den populären Roman und als Segen für den Film wird die Geschichte der genialen Lügnerin nie erschöpft und nie verbraucht sein, auch nicht durch Untersuchungen über die »wahre Mata Hari«. Mata Garbo, Mata Marlene, Mata Moreau tanzen und sterben immer noch auf der großen Leinwand der kollektiven Erinnerung.

Anmerkungen

Die Erfindung einer Figur

1 Sam Waagenar, »Mata Hari«, Editions Fayard 1964, Seite 22.
2 Ebenda, Seite 57.
3 »Le Courrier français«, 9. 2. 1905. Diese Zeitung spielt bei der Förderung Mata Haris eine große Rolle, aber politisch ist sie anders ausgerichtet als die gewöhnlichen Förderer der Tänzerin. Die Zeitung von Jules Roques feiert die russische Revolution von 1905, die zur Zeit von Mata Haris Debüt stattfindet.

Der Stern

4 Enrique Gómez-Carillo, »Le mystère de la vie et de la mort de Mata Hari«, Editions Charpentier et Fasquelle 1925, Seiten 37–38. Dieser in Spanien lebende guatemaltekische Schriftsteller widmet sein Buch Malvy, »der Mata Haris wegen gelitten hat«, und versucht, die Tänzerin zu rehabilitieren, die einem Justizirrtum zum Opfer gefallen ist.
5 »Le Courrier français«, 16. 2. 1905.
6 »La Vie parisienne«, 18. 3. 1905.
7 Charles S. Heymans, »La vraie Mata Hari«, Editions Prométhée 1930, Seite 89. Holländer wie Mata Hari, verfolgt dieser Autor sie mit seinem Haß und veröffentlicht 1936 die Broschüre »L'Aveu définitif de l'Allemagne«, Editions de l'Etoile.
8 Usha Chatterji, »La danse hindoue«, Editions Vega 1951, Seiten 3-5.
9 Liane de Pougy, »Mes cahiers bleus«, Editions Plon 1977, Seiten 111–112.

10 Colette, in »Le Figaro«, 20. 11. 1923.

11 Janet Flanner, »Paris c'était hier. Chroniques d'une Américaine à Paris 1925–1939«, Editions Mazarine 1981, Seite 184. Diese Amerikanerin in Paris, ein halbes Jahrhundert lang Korrespondentin des »New Yorker«, beschwört 1934 die Gestalt der spionierenden Tänzerin, die sie zu Beginn deren Laufbahn kennengelernt hatte.

12 Colette, in dem obenzitierten Artikel.

13 Dr. Bizard, »Souvenirs d'un médecin des prisons de Paris«, Editions Grasset 1925, Seite 76. Kapitel 8 dieses Buches, das auf einem gut dokumentierten Zeugen beruht, ist ganz Mata Hari gewidmet.

Das Ende einer Welt

14 Erwin Blumenfeld, »Jadis et Daguerre«, Editions Laffont 1975, Seiten 195–197. Die in einer ausgezeichneten Sprache geschriebenen Erinnerungen eines deutschen Fotografen.

15 Fritz Fischer, »Les buts de guerre de l'Allemagne impériale«, Editions Trévise 1970. In diesem Buch, in dem ein umstrittenes Thema in der deutschen Geschichtsschreibung neu angegangen wird, zeigt Fischer, daß das Deutschland Wilhelms II. Krieg nicht zu seiner Verteidigung führt, sondern um Weltmacht zu werden.

16 Randnotiz des Kaisers in einem Artikel des »Figaro« (6. 12. 12), archiviert im Deutschen Büro für Auswärtige Angelegenheiten unter dem Code AA. Türkei, 203, Nr. 6, Geheim, Band 1.

17 Romain Rolland, »Über dem Getümmel«, 1914. Im Schweizer Exil während des Großen Krieges, den Romain Rolland von Anfang an verurteilt, wird der Autor des »Johann Christoph« von der französischen Presse verunglimpft.

18 Ermittlung im Fall Mata Hari, erstes Verhör vom 18.2.1917.
19 Ebenda.
20 Sam Waagenar, obenzitiertes Buch, Seite 86.
21 Bizard, obenzitiertes Buch, Seite 86.
22 Ermittlung im Fall Mata Hari, Verhör vom 5.5.1917.
23 Georges Ladoux, »Chasseur d'espions«, Librairie des Champs Elysées 1932, Seite 231.
24 Ebenda, Seite 236.
25 Robert Boucard, »Les dessous de l'espionnage français«, Editions de France 1934, Seite 158.
26 Kurt Singer, »Mata Hari«, Marabout, Verviers 1965, Seite 145.
27 Georges Ladoux, obenzitiertes Buch, Seite 239.
28 Ebenda, Seite 239.
29 Ebenda, Seite 240.
30 Sam Waagenar, obenzitiertes Buch, Seite 160.
31 Ebenda, Seite 163.
32 Ermittlung im Fall Mata Hari, Verhör vom 28.2.1917.
33 Marthe Richard, »Ma vie d'espionne au service de la France«, Editions de France 1936, Vorwort Seite 1.
34 Ebenda, Seite 87.
35 Jean Violan, »La vérité sur Marthe Richard«; die Enthüllungen erschienen in dem populären Wochenblatt »France-Dimanche», 3.8.1947.
36 Ermittlung im Fall Mata Hari, Verhör vom 5.5.1917.
37 David Kahn, »La guerre des codes secrets«, InterEditions 1980, Seiten 88–99. Leidenschaftliches Buch über die Geschichte der Codes und die Techniken der Codebrecher.
38 Sam Waagenar, obenzitiertes Buch, Seite 200.
39 Ebenda, Seite 185.

Der Prozeß

40 Pierre Bouchardon, »Mes souvenirs«, Editions Albin Michel 1953, Seite 305.
41 Léon Bizard, obenzitiertes Buch, Seiten 47–48.
42 Ebenda, Seite 50.
43 Ebenda, Seiten 55–56.
44 Sam Waagenar, obenzitiertes Buch.
45 Georges Clemenceau, »L'Antipatriotisme devant le Sénat«, Editions de L'Homme enchaîné 1917, Seite 11.
46 »L'Action française«, 11. 8. 1917.
47 Jean-Noel Jeanneney, »Les archives du contrôle postal aux armées«, Mitteilung zum Gespräch über das Jahr 1917, erschienen in »La Revue d'Histoire moderne et contemporaine«, Januar-März 1968, Seite 229.
48 Mata-Hari-Prozeß. Sam Waagenar, obenzitiertes Buch, Seiten 262 bis 264.
49 Emile Massard, »Espionnes à Paris«, Editions Albin Michel 1920, Seiten 94–95.

Tod und Verklärung

50 Privatarchive von Léon Daudet, vom Autor konsultiert.
51 Was das Leben der Mata Hari als Gefangene betrifft, ist Dr. Bizard ein unverzichtbarer Zeuge.
52 Pierre Bouchardon, obenzitiertes Buch, Seite 305.
53 Wie war Mata Hari am Todestag gekleidet? Man hat die Wahl zwischen einigen Versionen, denn das Foto erlaubt kein Urteil. Laut »Le Matin« vom 16. 10. 1917 trug sie ein perlgraues gestreiftes Seidenkleid und einen blauen Hut. »L'Excelsior« vom selben Tag aber hat eine Mata Hari gesehen, die in Pelze gehüllt war und einen schwarz-weißen Strohhut trug.
54 Diese heroischen Worte aus dem Mund der Mata Hari werden von verschiedenen Autoren zitiert, von Heymans bis Bouchardon.
55 Über die Umstände der Hinrichtung, ziemlich exakte Versionen bei Bouchardon, Bizard, beides Augenzeu-

gen. Gómez-Carillo veröffentlicht, am Schluß seines Buches, einen Brief des Offiziers, der das Erschießungskommando befehligt hat; darin findet man konkrete Details über die Vorbereitung der makabren Zeremonie. Zwei Legenden werden zunichte: Mata Hari war nicht nackt unter ihren Pelzen, und sie hat nicht gerufen: Es lebe Deutschland!, bevor sie starb.

56 Janet Flanner, obenzitiertes Buch, Seite 186.

57 Ich beziehe mich auf die Zeugenaussage des jungen Offiziers, veröffentlicht von Gómez-Carillo.

58 Sam Waagenar, obenzitiertes Buch, Seite 275.

59 »L'Echo de Paris«, 16. 10. 1917.

60 Emile Massard ist der erste bekannte Feind aus der Legende um Mata Hari. Selbstverständlich bemüht er sich seit 1992, eine andere zu schaffen, indem er zum Beispiel die Anekdote der Milchbäder, die die Tänzerin im Gefängnis genommen haben soll, bestätigt.

61 Kurt Singer, der viel über die sowjetische Spionage in den USA geschrieben hat, führt Mata Hari in seinem Buch »Les grandes espionnes du siècle«, Gallimard 1965, ein und erfindet die Gestalt der Banda.

62 Dr. Edmond Locard, »Mata Hari«, Editions la Flamme d'Or, Lyon, 1954.

63 Robert Boucard, »Les dessous de l'espionnage allemand«, Editions documentaires 1931, Seiten 54–57.

64 Charles Lucieto, »Mémoires d'un agent des services secrets de l'Entente«, Editions Berger-Levrault 1926.

65 Vorwort zu »Mes souvenirs« von Georges Ladoux, Editions du Masque 1937. Marcel Berger hat das Buch beendet.

66 Pierre Bouchardon, obenzitiertes Buch, Seiten 296–297.

67 Verweisen wir die neugierigen Leser auf Bernard Newman, Spezialist der Spionage: »Lady Doktor, woman spy«, Hutchison, London 1937; auf Jean Brévanne: »Mademoiselle Docteur contre la France«, Editions Baudinière 1936, und auf ein Kapitel aus »Passagers clandestins« von Francis Lacassin, Editions 10–18, 1979.

68 Pierre Nord, »L'actuelle guerre secrète«, Encyclopédie Planète 1967.

AtV

Band 1288

Lew Tolstoi
Anna Karenina

Roman

Aus dem Russischen von Hermann Asemissen

1183 Seiten

ISBN 3-7466-1288-8

Anna, die schöne Frau des hohen Petersburger Beamten Karenin, lernt bei einem Besuch in Moskau den leichtlebigen Grafen Wronksi kennen und verliebt sich leidenschaftlich in ihn. Wronksi, bezaubert von dieser ungewöhnlichen Frau, erwidert aufrichtig ihr Gefühl. Und Anna verläßt ihren Mann, bekennt sich offen zu ihrer Liebe. Geächtet von der Gesellschaft, die diesen provozierenden Bruch mit der Konvention nicht verzeiht, beginnt Anna einen verzweifelten Kampf um ihren Sohn, den sie dem kaltherzigen Karenin überlassen mußte. Doch als ihr Kampf aussichtslos wird, sie durch die Scheidung offiziell das Recht auf ihren Sohn verliert und ihr schließlich auch noch der Verlust Wronskis droht, setzt Anna ihrem Leben ein Ende.

AtV

Band 1399

Alicia Dujovne Ortíz
Evita Perón

Die Biographie

Aus dem Spanischen von Petra Strien-Bourmer

433 Seiten
ISBN 3-7466-1399-X

Evita, die idealisierte Gestalt des großen Musicals, Heilige der besitzlosen Masse, skrupellose Intrigantin für ihre Gegner: wer war diese Frau wirklich, die aus ärmlichsten Verhältnissen stammte und bei ihrem Tod mit ganzen 33 Jahren als eigentliche Herrscherin Argentiniens gelten konnte?
Beharrliche Recherche und sensible Annäherung verbinden sich in dieser definitiven Biographie zum Bild einer Frau, die faszinierender war als ihr eigener Mythos.

»Diese Biographie ist kein sprödes Geschichtsbuch, ein Roman könnte kaum fesselnder sein.« *Süddeutsche Zeitung*

»Wer von Evitas Argentinien etwas wissen will und von Evita als Machtpolitikerin, die sie natürlich auch war, ist bei Alicia Ortíz nicht nur am besten bedient [...], sondern auch gut.« *DIE ZEIT*

AtV

Band 5028

Lion Feuchtwanger
Die Jüdin von Toledo

Roman

468 Seiten

ISBN 3-7466-5028-3

La Fermosa, die Schöne, wurde im mittelalterlichen Spanien Raquel, die Tochter des angesehenen Juden Jehuda Ibn Esra, genannt. König Alfonso VIII. von Kastilien hatte den Vater aus Sevilla als Minister an seinen Hof geholt, damit er die wirtschaftliche Zerrüttung des Landes aufhalte. Bei Alfonso erwachte bald eine tiefe Leidenschaft für die gebildete, tolerante junge Frau, und was für Raquel als politisches Opfer im Interesse der Vernunft und des Friedens begann, wächst auch bei ihr zu einer stürmischen Liebe für den kühnen, lebensfrohen König. Im Volk gilt Raquel als die eigentliche Königin, doch die wirkliche peitscht das Land in einen Krieg, für dessen verheerende Folgen schließlich die Juden verantwortlich gemacht werden.

AtV

Band 1456

Alexandre Dumas
Der Graf von Monte Christo

Roman

Aus dem Französischen übersetzt

2 Bände in Kassette
957 Seiten
ISBN 3-7466-1456-2(I–II)

Edmond Dantès ist neunzehn, als zwei schurkische Freunde, der eine ihm das geliebte Mädchen, der andere ihm die Zukunft rauben. Er ist dreiunddreißig, als ihm durch Mut und Verwegenheit die Flucht aus dem Inselgefängnis des Chateau d'If gelingt, in dem er durch ihre haltlose Denunziation vierzehn Jahre begraben war. Als Graf von Monte Christo kehrt er ins Leben und unerkannt in die Pariser Gesellschaft zurück, nur von dem einen Gedanken beseelt: Rache zu nehmen. Alexandre Dumas' fesselnder Roman ist bis heute der romantischste unter den großen Klassikern der Unterhaltungsliteratur geblieben.

Jetzt neu verfilmt mit Gérard Depardieu in der Rolle des Edmond Dantès, mit Ornella Muti, Jean Rochefort, Pierre Arditi und Jean-Claude Brialy in weiteren Hauptrollen (Regie: Josée Dayan)

AtV

Band 1281

Marina Vlady
Eine Liebe zwischen zwei Welten

Mein Leben mit Wladimir Wyssozki

252 Seiten

ISBN 3-7466-1281-0

Er war ein Mythos der Rebellion im Rußland der siebziger und achtziger Jahre: Wladimir Wyssozki, Dichter, Schauspieler, Liedermacher, geliebt vom Volk, das seine Gedichte schwarz kopierte, beargwöhnt von den Regierenden, die ihn lange Zeit nicht außer Landes ließen. Auf einem Moskauer Filmfestival begegnet er Marina Vlady, der blonden Schönheit des französischen Films. Die Geschichte seiner politisch dramatischen wie in ihren menschlichen Konflikten bewegenden Ehe mit der prominenten Diva aus der anderen Welt, in die er nicht durfte und nicht konnte, erschüttert wie kaum sonst ein Tatsachenbericht zu diesem Thema – eben weil die beiden Beteiligten nicht namenlos, sondern große Künstler waren.